如何财富丰盛

王中孚 著

中国商业出版社

图书在版编目（CIP）数据

如何财富丰盛 / 王中孚著. --北京：中国商业出版社，2017.10
ISBN 978-7-5208-0048-8

Ⅰ.①如… Ⅱ.①王… Ⅲ.①成功心理-通俗读物 Ⅳ.①B848.4-49

中国版本图书馆CIP数据核字(2017)第231120号

责任编辑：朱丽丽

中国商业出版社出版发行
(100053 北京广安门内报国寺1号)
010-63180647　www.c-cbook.com
新华书店经销
北京旭丰源印刷技术有限公司

*

720×1000毫米　1/16开　16印张　200千字
2018年1月第1版　2018年1月第1次印刷
定价：108元

****

（如有印装质量问题可更换）

自 序

自序一

我的《觉醒的力量》发行之后,没想到引起了学员和读者的强烈反响。很多学员留言告诉我,他们从中受益良多,他们内在的能量在提升,内在的一些伤痛也被自动地转化。听到这些反馈我倍感欣慰和喜悦,因为我出书的出发点就是去疗愈生命、成就生命,让更多的生命从不知不觉走向当知当觉或者先知先觉的状态。当一个生命开始有觉知后,才会活得精彩和富足。有觉知的生命才是真正地活着!

在我的课程上,我经常问学员:一个人一辈子活着的最高境界是什么?学员们有很多自己的答案。而我的答案却是:"死而无憾。"

一个生命活着的最高境界就是死而无憾,而不是死不瞑目。多少生命都在后悔和遗憾中离开了这个世界,还有很多生命在还没有好好体验自我价值的时候就突然离开了,很多生命还没有完成自己的使命和梦想,甚至根本就不知道自己生命的功课是什么。每天就这

样消失的生命多得无法统计……

在这个世界上,最大的公平就是:所有的人,无论是高低贵贱,无论是多么的有权、多么的富有、多么的贫穷、多么的卑微……最后的结局都是要死亡。在死亡面前人人平等。然而这个世界上最大的不公平是什么?就是在每一个生命还存在之前,每一个生命的活法不一样:有的幸福地活了一辈子;有的和爱人吵了一辈子;有的人风光地活了一辈子;有的人卑微贫穷地活了一辈子;有的人享受地活了一辈子;有的人嫉妒抱怨了别人一辈子……每一个生命的选择不一样,就决定了活法不一样,这也就造就了每个人的命运也不一样,人生结局不一样。

也许你此刻正在抱怨自己现在的活法不是自己想要的;也许你正在抱怨自己的命没有别人那么好;也许你正在抱怨自己的父母没有为自己创造成功的条件;也许你正在成为一个"伟大"的受害者,正在被动地活着;也许你正在后悔没有好好地活自己的人生……在这个浮躁的社会里,你正在被强大的集体意识侵扰和影响着,也许已经身不由己,在负面的集体意识里不能自拔。

但是,我要告诉你的是,你所抱怨的一切都只是你看到的表象,而不是真相。

那么,生命的真相是什么?就是每一个生命都共同拥有一种平等的权利——选择权。选择权是我们每一个人在这个地球上共同具备的权利,而这个权利是神奇的宇宙赐予我们的。你可以选择你想要的任何生活,你可以选择你想要的任何活法,你可以选择实现你想要的任何梦想……没有人会阻止你,即使有人阻止你,你一样可以选择

自 序

拒绝。选择权永远在你的手里。可是我们大多数人都把自己拥有的选择权交给了别人。

我们的财富也是一样；

我们的梦想也是一样；

我们的事业也是一样。

你随时都可以选择你想要的生活。

你愿意主动选择实现自己的梦想吗？

当你选择去实现梦想的时候，你马上就会发现，所有梦想都需要财富的支持。没有财富，没有金钱，你所有的活法和梦想都是空中楼阁，都有可能成为白日梦……要实现梦想，你首先要做的就是实现财富反转或者财富丰盛，可是你的财富现在足够丰盛吗？足够支持你实现更多的梦想吗？

各位，你的财富能量是不是通畅？

你赚钱是否感受到艰难？

你是否感受到赚到的钱总是留不住？

你是否感受到外边的欠款总是难以收回？

你是否感受到只要赚到钱，疾病和灾难就会出现？

如果你有以上的现状，一定是你的财富能量被卡住了。那么，又是什么阻碍了你的财富丰盛呢？在财富的世界里，都有什么秘密？财富又在遵循什么样的运作规律呢？

我们大多数人并不了解财富的真相，并不了解财富意识，更不会去了悟宇宙意识和财富法则，因为不懂所以才没有。拥有财富，运用财富，创造财富，是一个人一生最重要的修行。

财富的秘密到底是什么？

我们如何才能轻而易举地财富丰盛？

这本书将会为你逐一解读……

王中孚

2016 年 8 月

自 序

自序二

  金钱是每个人每天都向往拥有的，人们为钱疯狂，为钱喜悦，为钱哭，为钱笑……金钱在这个物质世界里是非常重要的，金钱维持着整个宇宙的平衡，维持着我们各种关系的平衡，衡量着我们生命的价值。透过金钱，我们可以积德行善，我们可以梦想成真，可以踏上觉醒之路。很多人以为拥有许多钱才能凸显一个人的身价或地位，甚至才能得到许多的好处。其实这样的想法是很局限的，也因为如此，才会有许多人陷入到对金钱的担忧及恐惧中。他们没有办法享受金钱，没有办法利用金钱，更没有办法从金钱中觉醒。

  我在这里要很清楚地告诉大家，金钱的实相是：在宇宙次元空间里，金钱的能量就是爱的能量，金钱的本质就是爱。因此我们的生命在成长时，只会朝着"无条件的爱"的学习而进展。倘若你在爱的学习成长上有所体悟，并且用实际行动去爱自己和爱他人的思想、言语和行为，你的内在就不会有爱的匮乏，当你的内在不匮乏的时候，外

在自然也会变得无限富足。

金钱的流进及流出,正是代表着无条件的爱的给予与接收,也就是你和他人爱的能量的意识交流。

当你在人际关系上敞开你的心扉,认知到每个来到你身边的人都是天使之爱,不过是与你相约来合演生命中的戏码,为的就是要帮助彼此体悟到"无条件的爱"的学习,而透过这样爱的交流过程(给予与接收的平衡),你不仅滋养了自己的心灵,也同时滋养了他人的心灵,进而与他人合一(不评断、批评自己与他人,没有分别心,能够感同身受他人的心境与处境),这就是业力课题的平衡圆满。

当你能与每个人合一圆满时,金钱自然就会源源不断地流向你,而你也自然会将你获得的金钱同样不断地流向需要爱的人、事、物。金钱能量就是在这样循环交流中来提升地球爱的振动频率。

如果你时常在担忧恐惧金钱的不足,你更应该深入你的内在,去仔细感觉、去看看你为何会有爱的匮乏感,为何你无法给予自己更多的爱,为何你无法接受他人对你的爱和关怀。

爱的力量只来自你的心中,不是来自于外在环境。倘若你无法认知到你自己就是爱的本身,你就缺乏力量的来源,而金钱是需要爱的力量才能创造出来的。

生命的价值不在于你拥有多少钱、如何赚钱、赚了多少钱、花了多少钱或存了多少钱。而是来自于你是否认得出你自己就有丰盛的爱,你给予自己多少爱(不自责、不否定、不批判自己),你给予他人多少爱(不评断、不否定他人),你接受自己多少的爱(臣服自己的高我意识),你接受他人多少的爱(信任每个当下都是宇宙的恩宠)。

当你能时常保持在这样的觉知状态下,你就是与自己内在意识合

自 序

一,你不会有任何的恐惧及匮乏感,你可以勇于面对自己的阴影,疗愈自己的伤口,尽力而为在每个当下去行动,所有出现在你生活中的业力课题(挑战)自然就会迎刃而解。

金钱有金钱的法则,所有我们在这个宇宙空间的得到与失去,全部都是遵循和违犯了金钱法则。从金钱中觉醒是我们所有人的功课。

所以,亲爱的朋友,你想要过什么样的生活呢?透过创造财富的旅程,你会怎样修炼自己?你会带着什么样的能量开始财富觉醒的旅程呢?

王中孚

2016 年 9 月

目录 Contents

财富丰盛第一阶段：了悟财富真相

- 贫穷的真相 ········· 2
- 金钱到底是什么 ········· 7
- "谁"在干扰你的财富 ········· 12
- 你的频道里有没有钱 ········· 18
- 谁可以帮你实现财富梦 ········· 24
- 你在靠什么赚钱 ········· 30
- 伴侣关系决定你的家庭财富 ········· 36
- 你是穷人还是富人 ········· 42
- 承认是进步的开始 ········· 47

财富丰盛第二阶段：破解财富轮回

- 金钱意识决定财富状况 ········· 56
- 解除生命的限制 ········· 63
- 把嫉妒转化为祝福 ········· 68
- 世界上没有穷人 ········· 73
- 财富喜欢爱自己的人 ········· 78

财富喜欢"阿凡达"	83
财富就是业力与愿力的对决	89
金钱是宇宙恩典的显化	95
你痛苦钱就没了	101
这个世界根本没有失败	107
切断穷人的轮回	113

财富丰盛第三阶段：创造财富丰盛

选择比努力更重要	122
你能吸引多少钱	127
好感觉才是真财富	132
用目标主宰你的生活	138
疗愈你和金钱的关系	144
商业意识决定财富丰盛	149
钱越花越多的奥秘	157
和父母的关系决定金钱多少	162
你爱自己，钱就爱你	171
家和万事就会兴	179
向贫穷的思想开战	185

财富丰盛第四阶段：遵循法则 财富觉醒

金钱法则1：奇迹法则	192
金钱法则2：喜悦法则	201
金钱法则3：丰盛法则	206

目录

金钱法则 4：感恩法则 ……………………………… 212

金钱法则 5：能量法则 ……………………………… 219

金钱法则 6：聚焦法则 ……………………………… 229

越开心越有钱 ………………………………………… 234

财富丰盛第一阶段：了悟财富真相

吝啬鬼永远处在贫困中。

——贺拉斯

贫穷的真相

驱使我写这本书的是我的学员,因为在我遍布全国各地20多万名的学员中,不同的学员有着不同的财富困局。有的是感受到赚钱非常辛苦;有的总是留不住自己已经到手的财富;有的经常会被一些意外事件和灾难损失财富;有的总是要不回生意上的欠款,陷入了痛苦的三角债务之中;还有很多老板,自己辛辛苦苦几十年,发生一个事件或者灾难,结果一夜回到解放前……

各位朋友,我不知道你此刻处在哪一个财富困局里?但是有一

财富丰盛第一阶段：了悟财富真相

点可以肯定的是，当你的财富不多的时候，一定是财富能量被堵住了，你需要疗愈自己的财富关系，打通自己的财富能量。我是一个成功的屌丝逆袭者，从小家里很穷，父母和家族没有任何的支持和背景，父母亲留给我们唯一的是坚韧吃苦的品质和一颗善良而感恩的心。我从小就深深地受到金钱的困扰，没有钱，经常缺钱，父母亲经常借钱，一直在父母的抱怨和极度匮乏的环境中长大。所以从小对金钱既充满了深深的渴望，又充满了深深的恐惧。我一边渴望金钱，一边潜意识抗拒金钱。我和金钱的关系实际上从小就出现了断裂，而这一切我全然不知，更没有人告诉我要获得财富，必须要打通自己的财富能量，需要疗愈我内在对金钱的负面程序。

这些年我不断地在立志－成功－失败、再立志－再成功－再失败的生命轮回里痛苦地轮回着。经受着得到金钱、失去金钱的痛苦体验，没有任何的觉知。直到有一天我的事业再次走向低谷时，我突然开始觉醒。我从事教育培训行业10年，在这10年中我可谓是非常努力、非常辛苦，努力地让自己奔跑着，努力地去做很多善业，努力地去捐钱资助他人，努力地去布施智慧和财富，然而到头来，我的财富却是处于零状态。

这个结果对我打击非常大，触动很深，也就是从那个时刻起，我开始去探索财富丰盛的真相。一个非常努力勤奋的人为什么会财富匮乏？金钱的运作规律到底是什么？为什么社会中真正有钱的人并不怎么努力？而那些穷人为什么非常多地付出和努力，得到的财富却少的可怜？带着这些困惑，我开始了一场财富探索之旅……经过我近四年的探索和自己亲自验证的财富实践，我在财富上取得了丰盛的成果。通过成果的验证，我已经完全解读了财富丰盛的运作

规律，在以后的章节里我会详细解读……

总结来看，一个人的财富问题大概出于以下8个原因：

1. 缺乏正确的金钱认知意识。
2. 内在匮乏，自我价值感低下。
3. 不尊重外在的物质世界。
4. 没有有效的财富通路。
5. 和金钱没有建立好和谐的关系。
6. 和伴侣关系充满冲突。
7. 和父母关系不和谐。
8. 业力的干扰。

第8个是最重要的也是最不容易疗愈的。业力在佛学上叫作业障，在基督教里叫作原罪，在能量学上叫作负能量，从宇宙的角度叫另外一个意识。比如已经去世的祖先和亲人，或者自己曾经伤害过的生命，都会干扰你的财富，而这种力量也是最重要的，也最难转化。这种能量我们看不见，但是它却客观存在。就像电一样，我们看不见电，但是电会通过灯泡显化。这种无形的能量我们虽然看不见，但是它会通过干扰我们的财富来显化，这个在本书中我会详细论述。

朋友们，此刻看到这里，你内心深处的感受是什么呢？你做好打通自己财富能量的准备了吗？

财富丰盛训练日记（第 1 天）

一、今天我显化的三个财富成果是什么？

1. _____
2. _____
3. _____

二、今天我花了多少钱？（财富出口）

1. 我花的这笔钱都滋养了谁？还有谁？

   _____

2. 我今天花钱时给金钱承载的三个能量是什么？

   _____

3. 今天我花钱的三个正向程序是什么？

   例：我能花就一定能赚！
   　　赚钱就像呼吸一样简单！

   （1）_____
   （2）_____
   （3）_____

4. 今天我花的这些钱为我带来了哪五个价值？

   _____
   _____

5. 我今天和金钱的互动遵循了什么法则？

   _____

6．今天我想对金钱说的三句话是什么？

三、今天我收入了多少钱？（财富进口）（没有收到钱不写）

1．今天收到这笔钱我内心的感受都有什么？

2．收到这笔钱给我带来的三个价值是什么？给对方带来的是哪三个价值？

3．支持我收到这笔金钱的三个正向程序是什么？

4．我会用这笔钱去滋养谁？还有谁？还有谁？

财富丰盛第一阶段：了悟财富真相

有钱的人从来不肯错过一个表现俗气的机会。

——巴尔扎克

金钱到底是什么

天下熙熙皆为利来，天下攘攘皆为利往。

每天所有的人都在为金钱奔波着，拼命着。自古以来"人为财死，鸟为食亡"，仿佛已经成为了一种集体意识。在金钱面前很多人会变得非常脆弱，丧失尊严，还有人为了金钱出卖灵魂、出卖朋友、出卖亲人……

那么金钱到底是什么？在我的财富丰盛课堂上，我经常问学员这样的问题。有的学员回答说金钱是生命的保障，有的说是这个社

会的话语权,有的说是孝敬父母的基础,还有的说是杀人不见血的刀,还有的说是生命尊严的象征……每个生命和金钱互动的方式不同,体验不同,所以对金钱的定义也不同。

从宇宙意识的角度讲,金钱是什么?金钱是爱的载体。通俗地讲金钱是一种更高能量的存在,是爱与喜悦的意识。在这个多维空间的宇宙里,存在着非常多的高能量存在,只不过这种能量是我们肉眼看不见的,但我们看不见不等于这种能量不存在,因为我们人类的视野太受局限了。金钱其实就是另外一种更高能量的存在形式。我们和金钱的互动其实就是和这种高能量的存在互动。这种金钱的能量通过金子、银子、人民币、美元等载体存在着,就像人类的灵魂要通过肉体存在一样。

所以了悟了这些真相,你就会慢慢地了悟自己的财富困局和自己生命里发生的一切。我们和金钱的关系就是和这个叫"金钱意识"的更高能量的互动。和它互动的模式决定了你我的财富关系,那么,我们如何才能真正和金钱有效互动呢?

要领导好下属,就必须了解下属的个性,才能做到知人善任,才能人尽其才;要做好销售必须了解人性的弱点。所以一样的道理,要想吸引到金钱就必须了解金钱的属性,了解金钱的运作规律……

金钱有八个属性:

1. **金钱承载的是爱的能量。任何时候,金钱只有爱没有恨。自古以来错的永远是人,不是钱,可是我们总是把人的错误冤枉到金钱身上,不管怎么样,金钱依然爱着你和我。**

2. 金钱的本质是宇宙恩典的显化。当金钱爱上你时,一定是你为这个世界作出了贡献,你净化了地球,金钱意识自然会奖励

你，因为爱，所以爱。

3．金钱的本质是平等与公平。没有金钱，怎么体现公平？没有了标准，人和人如何互动？这个世界无数的交易都在金钱的衡量中获得尊重。

4．金钱的本质是滋养生命，服务社会。如果我们也能够用金钱去滋养生命，服务社会，那么就会和金钱的使命同频共振；金钱必然会被你大量吸引而来。

5．金钱是我们带给他人价值和社会价值的体现。你带给他人什么样的价值，你就会获得同样价值的金钱，你给这个世界带来多少价值，这个世界就会回馈你多少金钱。

6．金钱的能量通过我们去产生价值。我们都是管道，谁的使命大，金钱流过去的能量就大，所以金钱会选择有使命的人去发挥更大的价值。

7．金钱喜欢喜悦、勇敢、坚定的能量。当你愿意为自己的生命出征，为自己的梦想而战的时候，金钱就会流向你……

8．金钱喜欢你的在乎，你越爱钱，金钱就越爱你。

各位朋友，当你了悟了金钱的这些属性，去遵循这些属性，用一个正确的观点去认知金钱，在自己的内在潜意识里种下正确的金钱程序，你的财富就会无限丰盛！

财富丰盛训练日记（第 2 天）

一、今天我显化的三个财富成果是什么？

1. _____
2. _____
3. _____

二、今天我花了多少钱？（财富出口）

1. 我花的这笔钱都滋养了谁？还有谁？

   _____

2. 我今天花钱时给金钱承载的三个能量是什么？

   _____

3. 今天我花钱的三个正向程序是什么？

   例：我能花就一定能赚！

   　　赚钱就像呼吸一样简单！

   （1）_____
   （2）_____
   （3）_____

4. 今天我花的这些钱为我带来了哪五个价值？

   _____
   _____

5. 我今天和金钱的互动遵循了什么法则？

   _____

6．今天我想对金钱说的三句话是什么？

三、今天我收入了多少钱？（财富进口）（没有收到钱不写）

1．今天收到这笔钱我内心的感受都有什么？

2．收到这笔钱给我带来的三个价值是什么？给对方带来的是哪三个价值？

3．支持我收到这笔金钱的三个正向程序是什么？

4．我会用这笔钱去滋养谁？还有谁？还有谁？

金钱是一种疾病,只是染上它的人是不愿意再将其传染给他人的。

——门德尔·马朗茨

"谁"在干扰你的财富

到底是谁在干扰我们的财富?

宇宙间一切的发生都有因果和规律。这个世界上从来都没有无缘无故的爱和恨,更没有无缘无故的发生。金钱没有来到你的生命里,或者来了没有留在你的生命里,一定有其中的因果。顺丰快递的董事长王卫说:一个人的成就和能力没有多大的关系,和他的福报有很大的关系。顺丰快递做的那么大,我相信他的生命体验,而

财富丰盛第一阶段：了悟财富真相

我们的福报不仅取决于我们的善念，更取决于我们自己清理业力（什么是业力？就是我们对他人过去造成的伤害）的能力。当我们的内在愿力（愿力就是我们想要的梦想）远远大于业力时，我们就会轻而易举地实现梦想；而当我们的业力大于愿力时，我们的梦想将会受挫。

我曾经在很多世界级灵修大师的指导下闭关修炼，顿悟了很多宇宙真相。我对宇宙和宇宙意识有了更为深刻的了悟，更对金钱意识有了很多的了悟。以前我们总会站在自己的角度看世界，很少从地球的角度看世界，很少站在金钱的角度看世界，更谈不上从宇宙的角度看世界。站在自己和地球的角度看宇宙就像是盲人摸象。一次次的出国游学，让我的能量不断提升，也让我能够从宇宙的角度去了悟生命，了悟一切的发生。

从宇宙的整个空间看过去、现在和未来，我突然发现了业力的真相，突然了悟了金钱的真相。一个人为什么会生病？为什么会失败或者出现灾难？为什么会有不顺利？为什么会破财？为什么财富进不来？一切全都是业力使然。是因为我们碰触了地球上的业力流；是我们的家族业力意识在干扰我们的财富（祖先对他人的伤害称为家族业力）。这个宇宙本身就是一个多元空间重叠的能量组合体，每一个空间都有自己独特的能量存在形式，已经离开的生命会进入不同的次元空间继续存在。

这个宇宙的神奇就在于宇宙是无数个星球的组合体，也是无数空间的组合体，更是无数不同能量振频的组合体。我们不尊重外星人势必会遭到报复；我们不尊重其他国家就会发生战争；**我们生命中所有的不顺利无非就是负面能量的干扰。**

业力意识在我们未知的另一个空间存在着,我们看不到,摸不着,但是这种能量实实在在地干扰着我们的财富,干扰着我们的幸福,是宇宙间一种隐形的能量。通常是指我们不好的语言,不好的意念(念头)和不好的行为,以及我们身边已经去世的亲人的存在意识。生命会消失,但是我们的意识永远不会消失,这种能量我们称为业力意识。

产生业力的常见能量是憎恨和愤怒。憎恨与愤怒是破坏性的能量。

业力总是会被记录与平衡。正面的想法、情绪、话语与行为是你生命存款的账面余额。负面的是负债,宇宙在我们最没有预期的时候把这些召唤过来,不知道业力的人称它为命运或运气,好运或坏运。

在我的课堂上我做过很多个业力个案,有的是个人的业力,有的是家族系统的业力,有的是外在的业力。曾经有一个男学员,他的财富关系非常好,赚钱非常容易,但是每当他的钱拿到手后都会莫名其妙地发生灾难,所以他又不得不把刚刚得到的财富重新花出去,这样的状态已经持续20多年了,一直都没有弄清楚到底是哪里出了问题?后来我在课堂上为他做了一个家族业力疗愈个案,才发现有个业力意识一直在干扰他,后来我们就和解了这个业力意识,之后他的财富状况就非常好,得到的财富都能够留住了。

我们生病是因为我们惹了业力意识,我们破财也是因为我们惹了这种存在的意识。我把这种空间的能量存在叫作"业力能量"。**消除业力的真相其实就是尊重他们的存在,带着神圣感去和解、去化解彼此曾经产生的纠缠。**和他们和平共处,而不是摧毁。因为我

们大多数人的无知,我们很少去尊重这个空间的能量,所以两个空间的能量不能够同在,自然就会产生干扰。因为这些干扰让我们的意识直接被干扰,我们的头脑和行为就很容易作出错误的判断。对自己有用的智慧和信息就无法来到我们的意识里。

我是一个强直性脊柱炎患者,这种疾病在西医上被称为"不死的癌症"。我在了悟这一切之前身体无法康复,根本找不到更好的方法治愈。我深知这是我的业力所致,我不断通过一些方式、方法清理我生命的业力。随着我业力的不断清理,我的财富和身体开始神奇般地发生奇迹。最重要的是我找到了能够治愈我的身体的办法,而且离我家非常近。没有了业力的干预,我生命中的一切都慢慢变好……

和家族的业力意识和解,和自己存在的空间意识和解,我们才能够真正富足,真正富有,真正健康!

我们到底惹了谁?

不要从自己的角度看世界,学会从金钱意识的角度看世界,学会从宇宙的角度看世界,你会有新的了悟!

学会对自己的业力意识说:对不起,请原谅,谢谢你,我爱你……让一切都在爱与光里彻底化解!

如果你的身体在经历了著名的医师、医院后还是没有被疗愈,那么可以去探索一下有什么业力在干扰。

如果在你什么都做的完美的情况下,你的财富状况还是不好,那么可以去探索一下是什么业力在干扰。

相信并尊重业力意识从我们的觉察开始……

财富丰盛训练日记(第3天)

一、今天我显化的三个财富成果是什么?

1. _____
2. _____
3. _____

二、今天我花了多少钱?(财富出口)

1. 我花的这笔钱都滋养了谁?还有谁?
   _____

2. 我今天花钱时给金钱承载的三个能量是什么?
   _____

3. 今天我花钱的三个正向程序是什么?

   例:我能花就一定能赚!
   　　赚钱就像呼吸一样简单!

   (1) _____
   (2) _____
   (3) _____

4. 今天我花的这些钱为我带来了哪五个价值?
   _____
   _____

5. 我今天和金钱的互动遵循了什么法则?
   _____

财富丰盛第一阶段：了悟财富真相

6．今天我想对金钱说的三句话是什么？

三、今天我收入了多少钱？（财富进口）（没有收到钱不写）

1．今天收到这笔钱我内心的感受都有什么？

2．收到这笔钱给我带来的三个价值是什么？给对方带来的是哪三个价值？

3．支持我收到这笔金钱的三个正向程序是什么？

4．我会用这笔钱去滋养谁？还有谁？还有谁？

不论你目前的状况如何,认为自己不富裕的念头就是对所拥有的金钱不心怀感恩,那么财富就会很难来到你身边!

——朗达·拜恩

你的频道里有没有钱

课堂上总是有学员问我:王老师,我的财富关系为什么不好?我通常都会回答他:是因为频道不对。你活在了一个错误的频道,你去到了一个没有财富的频道。很多人根本就毫无觉察,自己一直在一个错误的、没有财富的频道里创造财富,就像在雾霾天气下寻找蓝天一样,怎么可能找到?你在中央7台农业频道里边找足球节目,怎么可能呢?你把电视砸了也没有用啊!然而我们生活里大多

财富丰盛第一阶段：了悟财富真相

数人都没有财富意识，没有成果意识，没有商业意识。一个意识空间就是一个频道。这个宇宙有无数个意识空间，就是无数个频道。

频道不对，努力白费。

这个世界有无数个频道，富人有富人的频道，穷人有穷人的频道，科学家有科学家的频道，商人有商人的频道，政治家有政治家的频道，学生有学生的频道，80后有80后的频道，90后有90后的频道；老板有老板的频道，员工有员工的频道；男人有男人的频道，女人有女人的频道；财富有财富的频道，贫穷有贫穷的频道，富足有富足的频道……

我们活在什么样的频道，就意味着我们会得到什么样的结果。所以真正决定我们命运的不是阴阳八卦、不是生辰八字，而是我们决定让自己活在什么样的频道里。

贫乏的人一定对应着贫乏的频道；消极负面的人一定对应着负面的频道；受害者一定对应着抱怨指责的频道；一个颓废的生命一定是看到了世界末日；没有很多财富的人一定是内心深处不太喜欢钱；一个酒鬼的眼睛里一定是各种美酒；好色的人一定每天在搜索各类美女……

同样，富足的人一定对应着富足的频道；积极正向的生命一定看到了这个世界所有的美好；幸福的家庭一定活在了包容理解的频道里；**拥有财富的生命一定是喜爱钱，并每时每刻在享受着赚钱、花钱的美好感觉里**；佛陀的世界永远是祥和而安宁的；一个有使命的生命一定活在大爱里。

贫乏世界的频道里一定充斥着自私、消极、负面、仇恨、不信任、恐惧、焦虑、担心的画面；富足世界的频道里一定充满着爱、

感恩、积极正向的画面。你的生命你做主,你活在什么样的频道里决定了你生命的结果。那么,你想要什么样的结果你就必须活在什么样的频道里。不同的选择决定了不同的命运。我选择活在富足、积极、正向的频道里。那么,你呢?

我们很多人都活在贫乏的频道里边,在贫乏的频道里边看到的永远都是贫乏,唯有去到财富频道里边才能看到财富。大多数人都在贫穷的频道里边找财富,所以一辈子受穷,也就不奇怪了。

那么财富的频道是什么呢?

我们要从金钱的意识开始探索,金钱的意识和宇宙意识是同一个属性,宇宙意识的属性是爱与感恩,那么金钱意识的属性也是爱与感恩。所以我们只有让自己的生命活在爱与感恩的频道里,才是进入财富丰盛的频道。我们多数人都活在抱怨、指责、受害者的频道里边,在这样的频道里永远只有贫乏和问题。而在一个制造问题的频道里边解决问题,怎么可能呢?

频道不对,努力白费。

上过我的能量课程的学员,大部分都在财富上获得了丰盛,为什么他们的财富会反转呢?是因为我把他们全部都带到了爱与感恩的频道里边,每时每刻都带着感恩的心去和这个世界互动,和财富互动。我要求他们在家里进行感恩接龙练习,在家里打造一个爱的场域,因为金钱喜欢待在有爱的地方,金钱喜欢待在喜悦的地方。

当我们每赚一分钱,我们都要深深地感恩。因为金钱可以让我们孝敬父母;可以让我们爱自己的孩子;可以让我们吃自己喜欢的饭菜补充能量;可以让我们穿上自己喜欢的衣服,展现自己的魅力;可以去实现我们的梦想……

财富丰盛第一阶段：了悟财富真相

当我们每花一分钱我们更要深深地感恩，因为金钱实实在在地帮助了对方。 如果你去饭店吃饭了，除了你感恩金钱带给自己的价值之外，更是给饭店的老板带来了价值，饭店老板有了金钱之后可以为我们提供更加丰盛的饭菜，可以为国家多纳税，可以让自己的员工增加福利，可以支持自己实现梦想。

各位朋友们，让自己带着深深的觉察去过每一天，用爱去和金钱进行互动，用爱去滋养每一个和自己连接的生命。让自己活在爱与感恩的频道，去到金钱的频道里，一切都会自然发生……

财富丰盛训练日记（第4天）

一、今天我显化的三个财富成果是什么？

1. _____
2. _____
3. _____

二、今天我花了多少钱？（财富出口）

1. 我花的这笔钱都滋养了谁？还有谁？
   _____

2. 我今天花钱时给金钱承载的三个能量是什么？
   _____

3. 今天我花钱的三个正向程序是什么？

   例：我能花就一定能赚！
   　　赚钱就像呼吸一样简单！

   （1）_____
   （2）_____
   （3）_____

4. 今天我花的这些钱为我带来了哪五个价值？
   _____
   _____

5. 我今天和金钱的互动遵循了什么法则？
   _____

6. 今天我想对金钱说的三句话是什么?

三、今天我收入了多少钱?(财富进口)(没有收到钱不写)

1. 今天收到这笔钱我内心的感受都有什么?

2. 收到这笔钱给我带来的三个价值是什么?给对方带来的是哪三个价值?

3. 支持我收到这笔金钱的三个正向程序是什么?

4. 我会用这笔钱去滋养谁?还有谁?还有谁?

当一个人心灵富足的时候，外在的财富自然会不请自来。

——吴中立

谁可以帮你实现财富梦

你的梦想是靠自己实现还是靠他人？

在我的课堂上我经常问学员这样的问题。

有很多学员都会坚定地认为梦想需要自己的努力和艰苦奋斗；也有一些学员认为自己的梦想需要靠他人……

记得一位大师曾经说过：一个人的成功主要不是靠自己，一是需要贵人帮忙，二是需要高人指点，三才是靠自己。

在我们的现实生活中确实如此，很多人能力并不很强，然而却

很有钱,为什么呢?因为有人帮他。**你在这个世界上设定什么样的目标不重要,重要的是谁可以帮到你**。如果我现在问你:你能不能成为像巩俐、章子怡一样红的国际明星呢?也许你会毫不犹豫地回答:不可能。可如果张艺谋愿意帮你的话还有问题吗?80后的小沈阳之所以这么火,在我看来,他的演技并不怎么样,在他的师兄弟中比他才艺高超的比比皆是,可那又怎么样?如果没有赵本山,也许我们永远都不认识这个人。

所以不要抱怨自己怀才不遇,你需要找贵人帮你,你每天要思考的是:我的梦想是什么?有谁可以帮我实现梦想?

接下来你要做的就是思考:如何才能感召到这个贵人?最好的办法是问自己:我可以为贵人付出些什么?

你的财富丰盛取决于帮助你的那个人。

一个人的成功需要贵人帮助,然而你拿什么吸引贵人?贵人凭什么要帮你! 首先要塑造你的个人品牌,塑造你的个人品牌需要从最基本的感恩和承诺做起,也许你认为这太小儿科了,可是我问你:在你的生活中你真正做到感恩和遵守承诺有几次?

今天你给父母的承诺兑现了吗?今天你给孩子、员工、朋友的承诺兑现了吗?我们很多时候违反承诺却不以为然,甚至不屑一顾,或者找一大堆理由和借口为自己辩解。殊不知你的这些行为已经在破坏你的个人品牌,在破坏别人对你的印象。想帮你的人感到没有安全感,会选择默默地离开……

他人愿不愿意帮助你实现梦想,又取决于你自己的诚信。

有次我在香港上课时,有一位学员是当地的报业大王。他本来是某报社的业务员,却在短短三年内建立起了自己的报业王国。大

家都请他分享一下自己的成功经验,他就讲了下面的故事。

有一年夏天,香港刮起了台风,暴风雨让交通瞬间陷入瘫痪,大家都躲在屋里不敢出来。有一位大爷清早起来,习惯性地看报纸送来了没有,结果却没有看到报纸,他就打电话给报社问情况。接电话的业务员很没好气地回答道:"你没看到今天是什么天气吗?这样的天气叫我们怎么送?"说完"啪"的一声挂了电话。大爷很生气,又打了过去。原来接电话的那个业务员出去了,另外一个业务员刚拿起电话,大爷就不分青红皂白地骂了一通。这个业务员知道了事情的原委,也不生气,说道:"您放心,半个小时之内我把报纸给您送到!"

于是这个业务员披上雨衣,骑上车子,把要送的报纸用油布包了六层,顶风冒雨,终于在约定时间内把报纸送到了大爷的家里。大爷很感动,让他坐下来歇息一下。这时,他掏出二元港币递给大爷道:"对不起,我为我们没有准时把报纸送到,向您道歉!这是您打给我们报社的电话费用,请收下。再次向您道歉!"大爷收下了钱,这个业务员这时拿出了一张卡,接着说道,"我用我一个月的月薪为您订了整个下半年的报纸,希望您能继续关注我们的报纸。"大爷非常感动,紧绷的脸也露出了笑容,并请这个业务员坐下来,递给了他一份名单。原来这个大爷是某个商业协会的会长,手上有很多企业老总的名单。大爷对业务员说道:"好好干,我相信你一定会成功的!"这个业务员因为这份名单开始起家,从而成就了自己的事业。

因为客观原因而没能遵守到承诺不重要,关键在于你以什么样的态度去弥补?其实每件事情都可以是一个机会,都有潜在的贵

人，往往你却把握不住机会和贵人，这关键在于你的心态。每一次失败、跌倒中，都蕴涵着机会。转危为机，关键在于你用何种心态。

贵人不是天上掉下来的，是要靠你自己的能量吸引来的，不断地增加你的信誉度、承诺度，不断地增加你的能量等级，学会感恩，贵人将不请自来。看完这篇文章马上看看自己身边的亲人和朋友并思考：我可以为他们先做些什么？

要让自己活出生命中最美丽的特质，随时觉察自己有没有脱离宇宙意识的频道，永远带着一颗感恩、敬畏的心去和他人互动。财富就会自动发生……朋友们，此刻思考一下：

谁可以帮我实现今天的梦想？

他现在在哪里？

我愿意感恩对方的是什么？

我能为他做些什么？

财富丰盛训练日记（第5天）

一、今天我显化的三个财富成果是什么？

1. _____
2. _____
3. _____

二、今天我花了多少钱？（财富出口）

1. 我花的这笔钱都滋养了谁？还有谁？

   _____

2. 我今天花钱时给金钱承载的三个能量是什么？

   _____

3. 今天我花钱的三个正向程序是什么？

   例：我能花就一定能赚！

   　　赚钱就像呼吸一样简单！

   （1）_____
   （2）_____
   （3）_____

4. 今天我花的这些钱为我带来了哪五个价值？

   _____
   _____

5. 我今天和金钱的互动遵循了什么法则？

   _____

财富丰盛第一阶段：了悟财富真相

6．今天我想对金钱说的三句话是什么？

三、今天我收入了多少钱？（财富进口）（没有收到钱不写）

1．今天收到这笔钱我内心的感受都有什么？

2．收到这笔钱给我带来的三个价值是什么？给对方带来的是哪三个价值？

3．支持我收到这笔金钱的三个正向程序是什么？

4．我会用这笔钱去滋养谁？还有谁？还有谁？

每个心灵都具有无限的智慧，拥有自己想要拥有的一切财富和资源，而我只是引导人们告别心灵匮乏。

——王中孚

你在靠什么赚钱

我们要财富丰盛，除了需要打通内在的生命程序，疗愈我们内在的生命黑洞外，还需要在外在的世界建立有效的财富通道和财富程序。一个民工天天在工地上，一个工人天天在流水线上，一个员工天天在工作岗位上是很难使自己的财富丰盛的。我们还要建立有效的营销模式、有效的运营模式，更要选择有发展趋势的行业……

选择不对，努力白费，选择永远大于付出。

财富丰盛第一阶段：了悟财富真相

获取财富需要你正确的努力。

早就从书上或是从一些培训课程中看过和听过这句话，然而我却从没有真正地理解它。直到我的事业再度辉煌之后又回到了原点，当我的财富又一次进入可怕的生命轮回，我才完完全全地静下来去细细地品味这句话的能量。

由此我想起了小时候学习的《南辕北辙》的故事，原文是这样的：魏王想攻打邯郸。季梁听到这个消息后，立刻半途折回，衣服也没换，头上的灰也没去掉，就去见魏王。季梁说：

"今天我回来的时候，在太行山附近遇见一个人，（他）正驾着他的车往北面赶，他告诉我说：'我想到楚国去。'我说：'你既然要到楚国去，为什么往北走呢？'他说：'我的马好。'

"我说：'即使你的马再好，但这不是去楚国的路啊！'（他）说：'我的路费多。'我说：'即使你的路费再多，但这不是去楚国的路啊。'（他又）说：'我的车技好。'这几个条件越好，方向不对那么就离楚国就越加远了！"

马好、车技好、路费多，就像我们拥有了很强的能力和很多技巧，还有一个团结的团队。我们比任何人都努力，可惜越努力离我们的梦想越远。也许很多人并不知道自己已经迷了路。**一个人最大的悲哀不是迷路，而是当他迷路之后并不知道自己迷路了。**没有觉察所以他不会去找对的方向，对的梦想。他不会去选择修改自己的生命程序，让自己停下来，完全停下来。带着觉察回看自己已经走过的路，在过去的路上多少次你听了、过了，看了、过了，做了、过了，每一次的听、看、做却没有在生命里面留下深深的痕迹。没有去看到自己已经行不通的模式还在用着，还在自以为对地重复着,直到自己走不动了。我的生命辉煌之后又回到了原点,经高人指点我才突然醒悟,这么多年我在努力地重复着已经走错的路,重复着辉煌与失败……于是我开始让自己停下来,去沉淀自己,觉察自己,回看自己,检视自己的梦想,检视自己的模式,所有的模式。

我们创造财富其实分为四个层面:

第一个层面:用体力赚钱。在这个层面靠体力透支去赚取财富,在这种层面的人大多活在恐惧、担心、焦虑当中。不管怎么样他的财富每年不会超过100万元,我们生活中90%的人活在这个层面。如果侥幸地超过了100万元,自己的身体一定会出现问题。

第二个层面:靠能力赚钱。这种人活在生命层面,靠自己的爱心、真诚、感染力及感召力,活出了一份卓越的生命状态。自己拥有了领导力和营销能力,因为他的爱心和真诚的感染力,他会感召一个核心的团队和他一起去实现他的梦想。然而财富也是有限的。每年的财富不会超过1000万元,超过后自己的身体也会出现问题。

第三个层面:靠能量赚钱。这种人活在能量层面,每时每刻能聆听自己内心的声音,每时每刻都带着利他的起心动念,靠自己的灵魂去和每一个生命连接,他的使命和梦想里承载了无数人的梦想。他的梦想实现了,所有人的梦想也实现了,因为一份精神的引领,他们将创造无限的财富,这样的财富会达到100亿左右。

第四个层面:靠高级灵性赚钱。这种人活在宇宙法则里,活在自己的天命里,自己内在拥有强大的使命,一切都是为了众生的利益。这种人走在宇宙大道上,遵循着自然规律,一切顺势而为。他要的一切都会自动发生,这样创造的财富会是无限大的。

看到这四个层面之后,各位朋友,你此刻的觉察是什么呢?你现在让自己活在哪一个层面呢?

选择永远大于你的努力。

怎样选择你的选择呢?

财富丰盛训练日记（第6天）

一、今天我显化的三个财富成果是什么？

1. _____
2. _____
3. _____

二、今天我花了多少钱？（财富出口）

1. 我花的这笔钱都滋养了谁？还有谁？

   _____

2. 我今天花钱时给金钱承载的三个能量是什么？

   _____

3. 今天我花钱的三个正向程序是什么？

   例：我能花就一定能赚！

   　　赚钱就像呼吸一样简单！

   （1）_____
   （2）_____
   （3）_____

4. 今天我花的这些钱为我带来了哪五个价值？

   _____
   _____

5. 我今天和金钱的互动遵循了什么法则？

   _____

6. 今天我想对金钱说的三句话是什么?

三、今天我收入了多少钱?(财富进口)(没有收到钱不写)

1. 今天收到这笔钱我内心的感受都有什么?

2. 收到这笔钱给我带来的三个价值是什么?给对方带来的是哪三个价值?

3. 支持我收到这笔金钱的三个正向程序是什么?

4. 我会用这笔钱去滋养谁?还有谁?还有谁?

关系是生命的全部。

伴侣关系决定你的家庭财富

你越爱你的伴侣,你就越有钱,特别是老公越爱自己的妻子就越有钱。在中国的集体意识里,女人为水即为财,在《易经》上也是如此。每种观点的角度尽管不同,但是原理都是要爱女人。女人也要爱自己的老公,一个幸福的伴侣关系是家庭财富的绝对保障。

伴侣关系不是带给你最大的痛苦,就是最大的快乐。如果能在伴侣关系中化解冲突,使冲突越来越少,同时与伴侣更深刻地连结

与合一，那么你的生命会是相当满足的体验。**伴侣关系中冲突越少，家庭的财富就会越多。**中国有句俗话说"家和万事兴"，就是这个意思。

处理好伴侣关系决定了财富的丰盛度。那么如何处理好这个关系？如何才能找到一个好的伴侣呢？

伴侣关系是了解自己，且对促进生命觉醒非常有效的途径。

生命中有许多种关系，例如朋友、同事、手足、亲子等，然而有一种关系不是带给你最大的痛苦，就是最大的快乐，那就是伴侣关系。伴侣关系会让你全部的情感一一浮现，不论是正面或负面、愉快或不愉快。伴侣关系为你提供反思的空间，引领你去真正觉知自己。

与其他关系相比，在伴侣关系中，所有你逃避和不愿接受的方面会更容易且频繁地出现。那些曾经被你忽略的感受、压抑的情绪，或是不被承认却一直支配着你的情绪，都会在伴侣关系中浮现。

我们的伴侣关系通常会卡在以下四个生命程序上：

1. 深陷事件，忘了目标

在伴侣关系中，我们经常在事件上去和对方纠缠，我们的焦点往往放在问题本身。深陷问题却总是忘了彼此共同的目标，忘了彼此共同的利益。

2. 执着于对和错，彼此消耗对方的精力

所有的对和错只不过是站在不同的角度看问题而已。我们常常会认为自己的角度是对的，其实生命中根本没有对和错，只有角度不同而已。不同的角度来自于我们对生命不同的体验，不同的体验

来自于我们不同的原生家庭环境。

3. 习惯性地评判对方，消耗对方的能量

评判是我们人类共有的业力，我们每遇到一个人，到一个地方总会去评判他人，评判这个世界。仿佛自己就是人类的判官一样。根据自己的喜好去和他人互动，却忽略了更多的体验和风景。

4. 习惯主观演绎，把事实当成真相

你看到的世界不一定是真相的世界，你根本无法知道真相，除非当事人告诉你真相。在伴侣关系中，彼此都在用事实演绎自己，在用自己头脑的演绎主宰这个世界，从而让伴侣关系发生冲突。

那么，如何寻找合适的伴侣呢？

尚未有伴侣的人要如何选择合适的伴侣呢？我们要如何确认终身伴侣是谁？有没有什么技巧可以帮助我们找到终身伴侣呢？一位灵性修行大师的回答是：**选择伴侣时，必须培养倾听的艺术，不仅倾听别人，也要倾听自己。**与可能是终身伴侣的人交谈时，如果你可以意识到你内在发生的一切：愉快不愉快？自在不自在？那么你便是在倾听。这位大师也说，如果与某人交谈令你感到不安或不自在，那么这人很可能不是你的终身伴侣。反过来说，在交谈中令你感到非常愉快的人，可能就是合适人选。无论如何，你都必须自己去探索。

这位大师所说的倾听并不是交谈一两次，也不是一见钟情，而是经过一段时间的持续互动，你才可以将觉知和注意力转移到内在，真正进入心里探索这份关系，觉察它是使你安定或不安？这才是寻找合适伴侣的方法。

选择终身伴侣，首先要学习的是倾听的艺术，其次是接纳

自己。

为了拥有一段良好的关系，必须先学会全然接纳自己，包括自己的身体、童年、过往、才华，以及所有的情绪与人格。如果不能接纳自己，就无法接纳别人；如果不爱自己，当然就无法爱别人。

想要维持长久的关系，不仅要爱对方，还要尊重对方，这是很重要的基础。伴侣间的吸引力可能维持一段时间后就会消失，因为吸引力是建立在表象与新鲜感上的，如果你正在寻求一段长久的关系，希望让自己的人生更有意义，让彼此的存在更为喜悦，就必须把尊重带到这份关系中。

在内心深处问自己：对方的哪些方面会让我真正且长久地尊重？答案通常与你的价值观有关。每个人都有一套自己的价值观，而且是被你由衷尊重、钦佩的，在你与对方的关系中，你可以用这些价值观来鉴定对方的价值观是否跟你一致，或者对方的价值观是你正在追求的，以完满自己的。所以，倾听、接纳、尊重，是你在伴侣关系中必须学习探究的三个关键。

这些价值观因个人、文化而异，因此完全由个人自行决定。你只会被跟你相似或符合你标准的人吸引。

冲突的伴侣关系会直接影响家庭的财富。各位朋友们，和谐你的伴侣关系是你马上、立即要做的！

财富丰盛训练日记（第7天）

一、今天我显化的三个财富成果是什么？

1. _____
2. _____
3. _____

二、今天我花了多少钱？（财富出口）

1. 我花的这笔钱都滋养了谁？还有谁？

   _____

2. 我今天花钱时给金钱承载的三个能量是什么？

   _____

3. 今天我花钱的三个正向程序是什么？

   例：我能花就一定能赚！

   　　赚钱就像呼吸一样简单！

   （1）_____
   （2）_____
   （3）_____

4. 今天我花的这些钱为我带来了哪五个价值？

   _____
   _____

5. 我今天和金钱的互动遵循了什么法则？

   _____

6．今天我想对金钱说的三句话是什么？

三、今天我收入了多少钱？（财富进口）（没有收到钱不写）

1．今天收到这笔钱我内心的感受都有什么？

2．收到这笔钱给我带来的三个价值是什么？给对方带来的是哪三个价值？

3．支持我收到这笔金钱的三个正向程序是什么？

4．我会用这笔钱去滋养谁？还有谁？还有谁？

我们是我们想法的牺牲品。

你是穷人还是富人

穷人和富人一定存在很多不同,到底是哪里不同呢?

是内在能量的不同,是思维方式的不同,更是看问题角度的不同……穷人相信自己的命运是命中注定的,他们被这种意识影响了一辈子;富人喜欢挑战人生,敢于创造自己想要的生活。**穷人在能量上自认低人一等,内在自己是卑微的,不值得的**;富人渴望出人头地,渴望改变命运,渴望改变家族,渴望改变世界。穷人非常妒嫉别人赚钱,而且更加看不起比自己穷的人;富人祝福有钱人,他

财富丰盛第一阶段：了悟财富真相

们会向富人学习，谦卑地学习。

穷人总是梦想一夜暴富，富人一步一个脚印，他们会踏实地修改自己的生命程序，他们会根据自己的现状逐步扩展生命和事业。穷人安于现状，自怨自哀，处于自我满足当中。富人会不断地超越自己，让自己变得更加强大，更有学习力，用自己的实力改变世界。

穷人整天无精打采，对每一天的生命是应付的，他们每天都在重复着过去的轮回和故事，他们每一年没有任何的成长和变化。年复一年地重复着父母的轮回。富人全身充满激情，每一天都把自己的生命活到极致，他们把每一天都变得非常有意义。对于他们来讲，每一天都是新的。

穷人将别人当作偶像，不断地盲目崇拜、追星。富人用魅力感染别人，用自己的生命状态影响这个世界。

穷人将学习视为负担，嘲笑爱学习的人，讽刺比自己成功的人，根本就没有学习的意识。富人会不断为自己充电，为了自己的梦想而努力，永远活在自己的梦想与使命中，他们的内在非常富足而喜悦。

穷人天天考虑失败的后果，总是想赢怕输，不敢放手一搏。**富人永远想象成功的喜悦，不怕输，输了会去总结得失，会把失败的能量反转。**穷人将失败视为耻辱，富人将失败转化为动力；穷人面对困难坐以待毙，富人奋勇抗争逢凶化吉；穷人失败后选择放弃，富人爬起来重新开始；穷人喜欢沉迷幻想，富人总是付诸行动。

穷人做事一拖再拖，富人决定后马上行动；穷人往往草率行事，富人能够三思而行；穷人说起来头头是道，富人做起来一丝不

苟；穷人追逐蝇头小利，富人深悟取舍真谛；穷人追求享乐，富人不断进取；穷人一心"钻钱眼"，富人做事先做人；穷人喜欢批评别人，富人敢于自我批评。

穷人喜欢讽刺别人，富人努力提高自己；穷人刻薄别人，富人予人友善；穷人等待万事俱备，富人善于巧借东风；穷人畏首畏尾，富人敢拼敢闯；穷人上班磨时间，富人追求高效率；穷人无聊浪费时光，富人利用点滴时间。

穷人做事三心二意，富人工作一心一意；穷人工作无计划，富人工作巧安排；穷人喜欢单打独斗，富人善于团结协作；穷人强调个人能力，富人依靠集体力量；穷人常常错失良机，富人往往慧眼识"机"。

穷人优柔寡断，富人当机立断；穷人翘首等待机会，富人积极创造机会；穷人急功近利，富人见识卓越；穷人像机器不停运转，富人如弹簧弛张有度；穷人从不爱护身体，富人永远保持健康，爱自己胜过爱一切。

财富丰盛训练日记（第8天）

一、今天我显化的三个财富成果是什么？

1. _____
2. _____
3. _____

二、今天我花了多少钱？（财富出口）

1. 我花的这笔钱都滋养了谁？还有谁？
_____

2. 我今天花钱时给金钱承载的三个能量是什么？
_____

3. 今天我花钱的三个正向程序是什么？

例：我能花就一定能赚！

赚钱就像呼吸一样简单！

（1）_____
（2）_____
（3）_____

4. 今天我花的这些钱为我带来了哪五个价值？
_____
_____

5. 我今天和金钱的互动遵循了什么法则？
_____

6．今天我想对金钱说的三句话是什么？

三、今天我收入了多少钱？（财富进口）（没有收到钱不写）

1．今天收到这笔钱我内心的感受都有什么？

2．收到这笔钱给我带来的三个价值是什么？给对方带来的是哪三个价值？

3．支持我收到这笔金钱的三个正向程序是什么？

4．我会用这笔钱去滋养谁？还有谁？还有谁？

财富丰盛第一阶段：了悟财富真相

如果你对自己诚实，没有什么负面的想法能影响你！

承认是进步的开始

当我们开始爱自己，开始接纳另一面的自己，我们内在的疗愈就会发生。我们每一个人都有不认可自己的一面，西方心理学家称这为"阴影自我"，我们称它为负面的一面。

举例来说，几乎每个人每天平均都会说 60 个谎言，任何人都是如此。但是你愿意接受自己是个骗子吗？不，而且有时是预先规划的谎言，为了生存，我们逃避掩盖了这些谎言。

我们内在的谎言垃圾确实存在着，但是你愿意看见吗？你承认

它吗？不，你不喜欢它。你嘴上说"哦，我好爱你，祝福你"，而你的内在却充满了憎恨，内在有很多的恐惧，但是外在你表现得很勇敢。你很勇敢地说话，但是内在只有恐惧。对于所有你给出的所谓的形象，都有负面的对应物，没有任何事物没有负面的对应物。你有嫉妒、愤怒、憎恨、暴力、欲望。你也许是世界上最平静的人，却暗中策划他人的死亡，偷偷地希望货车碾过他将他摧毁，却说：我祝你好运。

头脑将这负面的一面塞到地毯下，藏在那里，在无意识中。它在那里发臭了，给你造成了所有的麻烦。当我们说爱自己，是说爱这个糟糕的事情。你讨厌它，憎恨它，害怕它，不喜欢它，你假装它不存在，但它在那里，这是你的一部分。这个世界上没有人没有这负面的部分，没有是不可能的。

谁是伟大的人？圣雄甘地、耶稣、佛陀！他们之所以伟大，是他们知道这部分的存在，他们接纳它，爱它，而你没有看见它，没有接纳它，没有爱它。你一直都在逃避它，或假装它不存在。在灵性的旅程中，首先和最重要的旅程是挖掘出所有这些负面的东西，移开地毯将它们找出来，就这样，仅此而已。你是无助的、无力的人，没有人有任何力量或什么，你只能想象自己有力量。它在那里支配着你，在毁坏着你，这就是发生的事情，你必须把它挖掘出来，与它达成协议。

你不能对它做什么，因为那里有污染。空气受污染了，意识受污染了。它在那里，你只是假装好像它不存在。灵性旅程是：你首先说是，你是这个，你面对它；然后你就会看到奇迹发生。这个奇迹就是你发现它是什么，这就是当我们说爱自己的意思，没有人喜

财富丰盛第一阶段：了悟财富真相

欢这所有的污垢淤泥，当你不喜欢它时，当你害怕它时，你要如何爱它？爱它是可能的。你能对它做什么？你不能对它做什么，只能如是如实地看见它。看见即疗愈，这就是我们说爱自己的意思。

爱自己就是：我是我自己生活的主人，我理解和尊重我每次的经历，并承担责任；爱自己，是允许自己的每一种感受流通；爱自己，就是接纳自己的全部！

允许自己，承认自己。允许自己的每一种感受流通，快乐的感受，痛苦的感受……允许生命的全部经由自己而流过，允许它们。允许你的痛苦穿越你，允许你的生命流动起来，痛是流动的，乐也是流动的，所有情绪上的、身体上的，只要是感受，就会是流动的。你要成为那个旁观者，看着这一切的流动，看住你的念头，尽量不要让它发展为一大串的思维，就是这思维阻碍了你生命的流动。

当你接受自己的全部以后，你就接受了全世界。当你看到自己的自私，看到自己的嫉妒，看到自己的愤怒，看到自己的虚伪……当你看到它们，而不再谴责它们，不再逃避它们，你看着它们如何让你下到地狱，你使那些痛苦、不愉悦、仿佛要死掉一般的感受在你身体内发生，你允许它们流动起来，你接纳你的全部，你会开始升起真正的慈悲和爱心，对每一个众生，因为他们也是如此地抗拒和逃避着自己的感受，他们的自我也一直在捍卫着自己的伤口。

爱自己，不是只期待光明，还要接纳黑暗！ 只有全然地体验你的情绪、你的感受，你才能真正超越你的情绪，不要因为经典告诉你不应该贪、嗔、痴，所以你一感觉到贪、嗔就立刻压抑自己，告诉自己不能这样，这是不行的。也许你经由祈祷、观想赶走了它

们，可是它实际上只是被你压到了潜意识深处，唯一的超越之法就是彻底而全然地经验它，平静地观察它们，看着它们来来去去，你永远定在一个平静的点，看着自己如何因为某种感受而上天堂，看着自己如何因为某种感受而下地狱。

当自己开始爱上自己时，金钱意识也会爱上自己，这就是爱的法则。一个不爱自己生命的人无论如何都得不到他人的爱。不爱自己，自己内在就没有爱，一个没有爱的内在不可能留住金钱，因为金钱喜欢待在爱的环境里。

附：

当我开始爱自己

作者：卓别林

当我真正开始爱自己，
我才认识到，所有的痛苦和情感的折磨，
都只是提醒我：活着，不要违背自己的本心。
今天我明白了，这叫作"真实"。
当我真正开始爱自己，
我才懂得，把自己的愿望强加于人，
是多么的无礼，就算我知道，时机并不成熟，
那人也还没有做好准备，
就算那个人就是我自己，
今天我明白了，这叫作"尊重"。
当我开始爱自己，
我不再苛求不同的人生，
我知道任何发生在我身边的事情，
都是对我成长的邀请。
如今，我称之为"成熟"。

财富丰盛第一阶段：了悟财富真相

当我开始真正爱自己，
我才明白，我其实一直都在正确的时间，
正确的地方，发生的一切都恰如其分。
由此我得以平静。
今天我明白了，这叫作"自信"。
当我开始真正爱自己，
我不再牺牲自己的自由时间，
不再去勾画什么宏伟的明天。
今天我只做有趣和快乐的事，
做自己热爱，让心欢喜的事，
用我的方式，以我的韵律。
今天我明白了，这叫作"单纯"。
当我开始真正爱自己，
我开始远离一切不健康的东西。
不论是饮食和人物，还是事情和环境，
我远离一切让我远离本真的东西。
从前我把这叫作"追求健康的自私自利"，
但今天我明白了，这是"自爱"。
当我开始真正爱自己，
我不再总想着要永远正确，不犯错误。
我今天明白了，这叫作"谦逊"。
当我开始真正爱自己，
我不再继续沉溺于过去，
也不再为明天而忧虑，
现在我只活在一切正在发生的当下，
今天，我活在此时此地，
如此日复一日，这就叫"完美"。

当我开始真正爱自己,
我明白,我的思虑让我变得贫乏和病态,
但当我唤起了心灵的力量,
理智就变成了一个重要的伙伴,
这种组合我称之为"心的智慧"。
我们无须再害怕自己和他人的分歧、矛盾和问题,
因为即使星星有时也会碰在一起,
形成新的世界,
今天我明白,这就是"生命"。
承认自己,接纳自己,允许自己,你的世界将会更加完美!

财富丰盛训练日记（第 9 天）

一、今天我显化的三个财富成果是什么？

1. _____
2. _____
3. _____

二、今天我花了多少钱？（财富出口）

1. 我花的这笔钱都滋养了谁？还有谁？

_____

2. 我今天花钱时给金钱承载的三个能量是什么？

_____

3. 今天我花钱的三个正向程序是什么？

例：我能花就一定能赚！

　　赚钱就像呼吸一样简单！

（1）_____
（2）_____
（3）_____

4. 今天我花的这些钱为我带来了哪五个价值？

_____

_____

5. 我今天和金钱的互动遵循了什么法则？

_____

6．今天我想对金钱说的三句话是什么？

三、今天我收入了多少钱？（财富进口）（没有收到钱不写）

1．今天收到这笔钱我内心的感受都有什么？

2．收到这笔钱给我带来的三个价值是什么？给对方带来的是哪三个价值？

3．支持我收到这笔金钱的三个正向程序是什么？

4．我会用这笔钱去滋养谁？还有谁？还有谁？

财富丰盛第二阶段：破解财富轮回

金钱是个好兵士,有了它就可以使人勇气百倍。

——莎士比亚

金钱意识决定财富状况

在我的财富能量课堂上,会有很多学员咨询我,他财富不好的根本原因。我会通过"财富个案"查找他的金钱到底"卡"在哪里。然后进行转化疗愈,从而打通他和财富的关系,清除他内在拥堵的负面能量,彻底导正他内在错误的财富程序和认知系统,和财富的"恩怨纠葛"被处理了,财富当然就好了。通过大量的财富个案,我发现很多人财富不好的原因,首先是对金钱没有建立一个正确的认知,没有正确的金钱意识,对钱有太多负面的看法。我大概总结了一下我们学员对金钱的负面认知：

1. 金钱对我来说不重要。

2. 金钱如粪土。

3. 鸟为食死，人为财亡。

4. 人不为财，天诛地灭。

5. 男人有钱就变坏，女人变坏就有钱。

6. 钱是万恶之源。

7. 钱是杀人不见血的刀。

8. 嫉妒有钱人。

9. 担心男人会因为我有钱而爱上我。

10. 我担心自己会因为他有钱而嫁给他。

11. 夫妻可以共贫穷而不能共富贵。

12. 有钱的人都不是好人。

13. 有钱的人钱来路不正。

14. 一身铜臭气。

15. 穷的只剩下钱了。

16. 太有钱会遭杀身之祸。

17. 留钱给后代没用。

18. 鄙视有钱人，鄙视富二代。

19. 不要谈钱，谈钱俗气！

20. 有钱人死了都不得安生，还有财产之争。

21. 恐惧自己德不配位，恐惧自己太有钱而飞来横祸。

22. 富二代很骄纵！

23. 有钱就没办法修心。

24．苦修行！

25．求财富与修心只能选一个，我选择后者！

26．君子之交淡如水，不要有利益往来！

27．钱财不是万能的！

28．钱财买不来爱情！

29．有高额利润就是奸商，我不能做高额利润！

30．挣钱很辛苦。

31．钱没有用。

32．有钱人都是看不起人的。

33．有钱人都是盛气凌人的。

34．钱是魔鬼。

35．没有钱是高尚的。

36．钱是低三下四才能挣来的。

37．有钱人喜欢欺负人。

38．钱让爸爸妈妈受了很多苦，我恨金钱。

39．有钱人都是坏人。

40．我不想要钱，我想要平静的生活。

41．开口借钱很没面子。

42．没有钱一样可以活得很好。

43．有钱也留不住。

44．钱会带来灾难。

45．爸爸妈妈挣钱很辛苦，我不能有很多钱。

46．钱会让人变坏。

47．钱是万恶之源。

48. 钱让亲戚变得很冷漠、很无情。

49. 钱让人变得很孤独。

50. 钱是用来看病的。

51. 钱让我爸爸妈妈很为难。

52. 钱带来的是伤害。

53. 钱让人变得很混蛋。

54. 钱让人情冷漠。

55. 小时候偷偷拿了亲戚家的零钱，让我觉得很丢人、很羞愧。

56. 小时候我嫉妒妹妹的钱比我多，让我不敢买东西。

57. 钱让人斤斤计较。

58. 谈钱很俗气。

各位朋友，这都是我们在财富丰盛课堂上学员的内在对金钱的认知总结，看到这些，此刻你内心的感受是什么呢？我相信在这些负面的认知里，你也有很多相同的认知。假如你是金钱的话，你会去靠近他们吗？你会爱他们吗？我经常给学员讲，错的永远是人，不是钱，可是我们把所有人类的错误都冤枉到金钱身上，金钱怎么能够喜欢你呢？

金钱的真相是什么？金钱其实承载的是爱的能量。自古以来，我们的社会运转其实都来自于金钱。没有钱，你无法爱自己的孩子；无法孝顺自己的父母；无法爱自己的员工；无法爱自己的妻子或老公；无法爱自己；没有金钱，你所有的梦想都无法实现，没有钱，你就失去了爱的能力……

这么多年，是金钱让你拥有了一切，可是多少人一边在享受着

金钱的好处，又一边在骂着金钱……

这样子，金钱怎能不落泪！

我们要想实现财富丰盛，首先要改变对金钱的认知。金钱意识的能量和爱的能量是一样的，唯有彻底改变自己内在负向的财富程序和负面的金钱认知，我们的财富状态才能真正改变……

假如你愿意改变，你的财富就会开始走向丰盛……

财富丰盛训练日记（第 10 天）

一、今天我显化的三个财富成果是什么？

1. _____

2. _____

3. _____

二、今天我花了多少钱？（财富出口）

1. 我花的这笔钱都滋养了谁？还有谁？

_____

2. 我今天花钱时给金钱承载的三个能量是什么？

_____

3. 今天我花钱的三个正向程序是什么？

例：我能花就一定能赚！

赚钱就像呼吸一样简单！

（1）_____

（2）_____

（3）_____

4. 今天我花的这些钱为我带来了哪五个价值？

_____

_____

5. 我今天和金钱的互动遵循了什么法则？

_____

6．今天我想对金钱说的三句话是什么？

三、今天我收入了多少钱？（财富进口）（没有收到钱不写）

1．今天收到这笔钱我内心的感受都有什么？

2．收到这笔钱给我带来的三个价值是什么？给对方带来的是哪三个价值？

3．支持我收到这笔金钱的三个正向程序是什么？

4．我会用这笔钱去滋养谁？还有谁？还有谁？

财富丰盛第二阶段：破解财富轮回

钱财并不属于拥有它的人，而只属于享用它的人。

——富兰克林

解除生命的限制

在我的能量课堂上，我经常给学员讲：其实大量的财富就围绕在你的周围，财富非常爱你，爱每一个人，就像父母爱孩子一样。因为金钱的本质就是爱。可是为什么财富最终没有流进我们的口袋呢？真相是我们自己设了一堵墙，把围绕在我们周围的金钱残酷地阻隔了。这堵墙就是我们自己生命的限制，就是我们固有的信念，固有的人格，固有的形象，固有的看法，就是我们内在无数的生命程序。

如何财富丰盛
RUHE CAIFU FENGSHENG

当我们面对一个从来没有过的挑战时,我们的第一反应是什么?当我们面对一个未知的世界时,我们的反应又是什么?做了这么多年能量导师,我自己对导师的世界轻车熟路,无论是一千人还是两千人的会场,我都可以轻松讲课。可是在企业的运营上我总是感受到自己没有经验和天赋,所以每次遇到企业的管理和运营问题时,我总是选择逃避或者给他人讲:这是我的短板、我不擅长等消极逃避性语言。这种限制一直影响我10年之久。直到去年,因为一些客观原因,让我不得不出来亲自经营自己的企业。我要面对企业运营系统的建设、面对营销策略的设计、面对团队的建设和激励……这让没有经过任何企业管理训练的我陷入了深深的迷茫。我过去的一个生命程序是:我不擅长经营企业。这个程序导致我内心的恐慌和不自信。这种生命程序导致的结果就是我缩手缩脚地不敢向前走。一段时间我陷入了这个生命程序的轮回,我经历着这种轮回之苦。这个生命程序深深地限制着我的内在能量。后来我为了我的梦想开始反转,我反转后的生命程序是:我是一个运营天才!我是一个营销天才!我每天都不断地强化这种正向的生命程序,结果我发现我越来越会经营企业,我的企业在我的经营下开始创造奇迹。财富也随着我内在限制的打破而叠加丰盛。

是你摧毁了自己!

是你限制了自己!

是你设定了自己!

一头驴,拉了一辈子磨,主人怜悯它,就让它在草地上自由自在吃草。可驴对广阔的世界视而不见,而是一步一个脚印的,绕着一棵树打转。原来,这头驴拉了一辈子磨,除了转圈已经不知道别

的——许多人就像这头驴,终其一生被拴在自己的心智模式里打转。

曾经有过无数个疯狂的念头,但每每做决定的时候我们却因为内心那些不安全感退却了,再不疯狂你就老了!再不找到灵魂真正的渴望,再不觉醒,你就老了……

各位朋友,你每天都在用什么限制自己?

我们不但经常习惯性地限制自己,还习惯性地限制别人而且没有任何的觉察。今天有个学员和我分享了她的一个经历:她喜欢帮助别人,非常喜欢导师这个职业,当她喜悦地把这个梦想告诉自己的好朋友时,遇到的却是朋友的打击与摧毁。她的朋友对她说:"你根本就不适合做导师,你没有那个天赋,你的内在不够强大,你根本控制不住场域……"这个学员的能量一下子就被摧毁了。

是你摧毁了别人!

是你限制了别人!

是你设定了别人!

你限制了自己也限制了你的财富。

打开了自己的限制也就打通了财富通道。

唯有解除你生命中所有的限制性程序,围绕在你生命周围的财富才会流进你的口袋……

各位朋友:你正在限制你的老公吗?

你正在限制你的妻子吗?

你正在限制你的孩子吗?

你正在限制你的员工吗?

财富丰盛训练日记（第 11 天）

一、今天我显化的三个财富成果是什么？

1. _____

2. _____

3. _____

二、今天我花了多少钱？（财富出口）

1. 我花的这笔钱都滋养了谁？还有谁？

   _____

2. 我今天花钱时给金钱承载的三个能量是什么？

   _____

3. 今天我花钱的三个正向程序是什么？

   例：我能花就一定能赚！

   　　赚钱就像呼吸一样简单！

   （1）_____

   （2）_____

   （3）_____

4. 今天我花的这些钱为我带来了哪五个价值？

   _____

   _____

5. 我今天和金钱的互动遵循了什么法则？

   _____

财富丰盛第二阶段：破解财富轮回

6．今天我想对金钱说的三句话是什么？

三、今天我收入了多少钱？（财富进口）（没有收到钱不写）

1．今天收到这笔钱我内心的感受都有什么？

2．收到这笔钱给我带来的三个价值是什么？给对方带来的是哪三个价值？

3．支持我收到这笔金钱的三个正向程序是什么？

4．我会用这笔钱去滋养谁？还有谁？还有谁？

穷人认为所有的富人都是为富不仁是最大的误会,也是穷人为什么是穷人的原因。

——王嘉良

把嫉妒转化为祝福

为什么很多人没有钱,财富不丰盛?部分原因就是他们嫉妒有钱人,不尊重外在世界的人,认为物质世界或追求物质是比较低等的,应该要厌恶,不去追求。你可能认为它是非灵性的,使你远离觉醒的,或者不是合一的。

如果你是这些虚幻概念的受害者,你就不会在生命中吸引财富。因为在你的内在,你不尊重财富、不尊重繁荣、不尊重丰盛。

在你内在深处，你重视和喜爱贫穷，认为贫穷是应该的或灵性成长的象征。如果这是你的情况，在你的生命中，就不会吸引到财富。

你必须觉知到这些限制性的生命程序，也许是因为某些宗教制约，你认为内在世界与外在世界无法并存，所以你只能选择其中之一。由于某些原因，你相信你只能拥有内在的状态或外在的繁荣其中之一。但是这并非事实。

金钱的本质是能量，所有拥有金钱的人一定是解决了他人的问题，一定是为这个社会作出了自己的贡献。这个世界是由极强的生物链组成的，就像我们要吃上一顿饭，需要服务员、厨师，又需要卖菜的菜农、搬运工、农民的种植，老板开的饭店……也就是一个人如果很有钱的话一定是解决了很重要的生物链条，而这个生物链条是让这个社会平衡和存在的基础。帮助这个生物链解决了问题，当然他就值得拥有财富。

可是我们很少从这个角度思考过问题。**创造财富不仅需要专业的技能，还需要了解宇宙运行的智慧**。我们必须学习以某些影响人类命运的法则来生活。物质宇宙被物质法则所影响，如重力。而心智与精神宇宙则被精神法则所影响着。如果我们不知道这些法则，我们就会在生命的路途上经验到路障。

这个宇宙中有一个法则叫正确观点的法则。你的观点是什么，你的现实就是什么。如果你对宇宙的观点是宇宙是机械性的、无生命的，那么宇宙对你而言也是如此。另一方面，如果你的观点是宇宙是个活生生的实体，是个有意识的存在，那么你就进入了可能性的世界，极大的可能性中。

通俗的讲，你嫉妒和不尊重外在存在的物质世界，就是一个错

如何财富丰盛
RUHE CAIFU FENGSHENG

误的观点,我们确实活在一个回应自己的宇宙中,宇宙不过是意识。我们就是意识,他人也是意识,万有都是意识,意识是有感觉的。意识说什么呢?它说:"我彰显你的观点。"它说:"我即是那个。"那个指的是你的观点,"我"指的是意识。意识就像是海洋,观点就像是在海洋中起起落落的海浪。

如果你的观点说,由于金融危机,财富丰盛是不可能的,有意识的宇宙就会说"就是这样",你就会经验到匮乏。如果你采取一个负面的观点,认为时机是不好的,世界对你而言是危险与不安全的,你就会紧张、不快乐。从而在生命中显化为有问题的情况。另一方面,如果你的观点是丰盛无所不在,宇宙就会开放它的宝藏,无论外在环境如何。

我们多数人对富人有着成见,常常说为富不仁,嫉妒比我们成功的人,嫉妒比我们有钱的人。所有的成功和富有都是金钱意识形态的表现,我们嫉妒有钱人就是嫉妒金钱本身。想一想,你嫉妒金钱,金钱怎么会来呢?

所以朋友们,不要再去嫉妒富人了,把嫉妒变成爱的祝福,祝福他们可以更好,可以为这个世界贡献更大……**当你祝福他人的时候,你也会得到更多生命的祝福,你也会得到金钱意识的能量加持,你的财富丰盛就开始了……**

朋友们,此刻可以静下心来,列一个清单,看看自己需要祝福身边的哪些人?从此刻起每天给他人祝福,你的财富能量会剧增。

财富丰盛训练日记（第12天）

一、今天我显化的三个财富成果是什么？

1. _____
2. _____
3. _____

二、今天我花了多少钱？（财富出口）

1. 我花的这笔钱都滋养了谁？还有谁？

   _____

2. 我今天花钱时给金钱承载的三个能量是什么？

   _____

3. 今天我花钱的三个正向程序是什么？

   例：我能花就一定能赚！

   　　赚钱就像呼吸一样简单！

   （1）_____
   （2）_____
   （3）_____

4. 今天我花的这些钱为我带来了哪五个价值？

   _____

   _____

5. 我今天和金钱的互动遵循了什么法则？

   _____

6．今天我想对金钱说的三句话是什么？

三、今天我收入了多少钱？（财富进口）（没有收到钱不写）

1．今天收到这笔钱我内心的感受都有什么？

2．收到这笔钱给我带来的三个价值是什么？给对方带来的是哪三个价值？

3．支持我收到这笔金钱的三个正向程序是什么？

4．我会用这笔钱去滋养谁？还有谁？还有谁？

财富丰盛第二阶段：破解财富轮回

穷是一种心态，你若一辈子坚持自己是穷人，拥有大量金钱也救不了你！

——亦舒

世界上没有穷人

在很多世界顶级的灵性学府深造时，我就一直在探索一个问题：世界上为什么会有穷人？得到的答案是：**这个世界上从来都没有穷人和富人之分，只有贫穷的思想和富足的思想。**

回到国内之后，随着我和更多学员的交流，我慢慢发现，生活中确是如此。大部分的人都生活在抱怨与指责当中，生活在贫乏的意识当中，他们对目前已经拥有的很不知足、不感恩，永远都不

够，永远都在索取。尽管宇宙已经为他匹配很多了。多数人都完全活在贫乏的频道里边。频道不对，努力白费……

一个人穷不是因为他物质贫穷，而是因为他思想贫穷。这也是富人和穷人的根本区别。为什么穷二代拼不过富二代，是因为他们的父母亲在他们的潜意识里装的程序不一样。

就像北京的雾霾一样，在北京的天空下你很难解决雾霾问题，而解决雾霾最快最直接的方式就是脱离北京，到西藏。在西藏，看到的自然都是蓝天白云。在贫乏的频道里，永远不会找到富足和财富。而贫穷的人却都在贫乏的频道里苦苦寻求财富。在贫乏的频道去寻找财富就像一个男人在男人堆里找女朋友一样。他也很努力，可是频道错了结果就很难发生，这个世界不会因为你的努力就会让你得到。

大多数人天天都在关注自己没有的东西，却很少关注自己已经拥有的。在我的财富丰盛训练课上，我让每个学员写100个自己已经拥有的东西，结果他们都写的超过了100个。写完之后，他们内在感觉到非常富足。**宇宙的法则是富足的思想吸引富足的结果，贫乏的思想吸引贫乏结果**。当我们每天都去关注自己没有的东西时，我们的内在是贫乏的，是不够的。不够的内在吸引的一定是不够的结果。所以自古以来穷人赚钱模式都是省钱，结果越省越穷；富人的赚钱模式是花钱，越花越富。

这是为什么呢？

因为穷人虽然每天都在省钱，当他省钱的时候给潜意识输入的信息是"我没有"。一个总是"没有"的内在世界吸引到的一定是外在贫乏的结果。当富人花钱的时候，他给潜意识输入的信息是

"我有钱"。内在有钱的世界一定吸引到外在的富足结果。这就是穷人和富人本质的区别。

这个世界上没有穷人，只有贫穷的思想。而穷人的思想来自于自我意识的价值感低下。而这种价值感低下的能量来源于祖先的负能量复制。我们大多数人都传承和复制了祖先贫乏的能量。提升自我的价值感、增加自己内在的值得感和尊贵感，是我们财富反转的根本。内在极度匮乏的世界必须被疗愈，而疗愈内在匮乏的能量，必须从感恩开始……大多数人生活在指责、抱怨的频道，在错误的频道里根本得不到我们的财富。

各位朋友，你真的很穷吗？

这个世界上只有贫穷的思想，没有贫穷的人……

一个内在富足的父母一定会带出财富丰盛的孩子。因为他们会去满足、尊重孩子的内在需求，而不是打骂压制。

一个内在贫乏的父母一定会带出财富贫穷的孩子。因为他们习惯于掌控和评判，让孩子按照他们的意志去行动。

你是一个穷爸爸还是一个富爸爸？

你是一个穷妈妈还是一个富妈妈？

财富的丰盛只有从疗愈自己内在的生命黑洞开始！

财富丰盛训练日记（第 13 天）

一、今天我显化的三个财富成果是什么？

1. _____
2. _____
3. _____

二、今天我花了多少钱？（财富出口）

1. 我花的这笔钱都滋养了谁？还有谁？
   _____

2. 我今天花钱时给金钱承载的三个能量是什么？
   _____

3. 今天我花钱的三个正向程序是什么？

   例：我能花就一定能赚！
   　　赚钱就像呼吸一样简单！

   （1）_____
   （2）_____
   （3）_____

4. 今天我花的这些钱为我带来了哪五个价值？
   _____
   _____

5. 我今天和金钱的互动遵循了什么法则？
   _____

6. 今天我想对金钱说的三句话是什么?

三、今天我收入了多少钱?(财富进口)(没有收到钱不写)

1. 今天收到这笔钱我内心的感受都有什么?

2. 收到这笔钱给我带来的三个价值是什么?给对方带来的是哪三个价值?

3. 支持我收到这笔金钱的三个正向程序是什么?

4. 我会用这笔钱去滋养谁?还有谁?还有谁?

财富可以弥补许多不足之处

——塞万提斯

财富喜欢爱自己的人

爱自己和财富丰盛有什么关系呢?

我们内在的价值感都比较低,因为自我价值感低,所以我们内在非常匮乏。因为价值感低下,我们总是会为了证明自己的价值而拼命。很多人为了证明自己是付出的、是有爱的,于是就拼命地牺牲自己,但当自己的付出得不到回报时,自己又陷入了深深的受害状态——受害于自己的付出。这是一个可悲的生命轮回,又是一个顽固的生命程序。

财富丰盛第二阶段：破解财富轮回

所以要想财富丰盛，唯有提升自我的价值感。

那么，如何才能提升自我价值感呢？

我在财富课堂上问过学员们一个问题：假如你现在只有一碗面条，不能分开吃，你很饿，而你的朋友也很饿，这个时候你会给谁吃？很多学员毫不犹豫地告诉我，会给朋友吃。我又问：给朋友吃了你当下内心的感受是什么呢？学员回答：非常纠结。我又问，如果再有朋友很饿，你当下还有力气帮他吗？学员回答：没有了……

很多人都是为了"面子"把这碗面条送给朋友吃，自己在那里受苦。因为这样的模式让自己的能量消耗殆尽。自己再也没有力量去完成自己的使命，没有力量实现自己的梦想。

社会上很多人自己在饿着肚子，为了面子，为了让自己在他人心中留一个好的印象，为了彰显自己的伟大，为了证明自己是一个爱心大使，所以借钱去做公益、去捐助。从集体意识层面这样做没有问题。可是我们的财富就是这样被集体意识绑架了。当自己的能量越来越被消耗的时候，我们的生命也就枯竭了。何谈贡献！

一个人只有先填饱自己的肚子，才有能力去帮助他人。只有让自己活着，自己才更有力量创造更多；只有自己先爱自己了，才有能量爱自己的家人、爱更多的生命；只有自己内在富足了，才能支持他人富足。如果我们的内在世界本身就是匮乏的，怎么可能支持这个世界呢？

解决自己内在匮乏的方式就是爱自己。先爱自己，接纳自己，尊重自己，诚信自己，宽恕自己……

因为唯有自己爱自己才能吸引到他人爱自己；唯有尊重自己才能吸引到他人对自己的尊重；唯有接纳自己才能吸引到他人的接

纳；唯有宽恕自己才能吸引到他人真正的宽恕；唯有爱上金钱，金钱才能爱自己……

宇宙创造的人类和它链接的快捷方式就是爱自己。爱自己就是爱宇宙的创造，相信自己和别人都是被宇宙宠爱的。初学爱自己的朋友常常陷入自私自利的陷阱，其实爱自己和自私自利看起来相似，却走在两条截然不同的路上。爱自己的惯常思维是爱与富足，目光对准内在，关注开发自身的宝藏，满足自己的需求，热衷实现自己的愿望。

与外界交往是给爱不期待，合作不依赖，对自己负责，不断扩展自己的力量，无限感恩。自私自利的惯常思维是恐惧与匮乏，目光对准外在，关注从别人那里满足自己的需求，一味对外索取。与外界交往是给爱就期待，合作就依赖，不对自己负责，不断削弱自己的力量，充满抱怨。前者通往天堂，后者通往地狱。

唯有自己开始爱上自己，金钱才会靠近我们，才会和金钱同频共振。

今天你愿意爱自己吗？你愿意尊重自己的内心吗？今天结果无论成功还是失败，你愿意宽恕自己吗？

当我们真正能够爱自己的时候，我们的内在才能真正富足和丰盛，我们的内在匮乏感才会消失，内在的富足感决定了外在的财富数据，所以爱自己比什么都重要。

财富丰盛从爱自己、接纳自己开始！

财富丰盛训练日记（第14天）

一、今天我显化的三个财富成果是什么？

1. _____
2. _____
3. _____

二、今天我花了多少钱？（财富出口）

1. 我花的这笔钱都滋养了谁？还有谁？

_____

2. 我今天花钱时给金钱承载的三个能量是什么？

_____

3. 今天我花钱的三个正向程序是什么？

例：我能花就一定能赚！

赚钱就像呼吸一样简单！

（1）_____
（2）_____
（3）_____

4. 今天我花的这些钱为我带来了哪五个价值？

_____

_____

5. 我今天和金钱的互动遵循了什么法则？

_____

6．今天我想对金钱说的三句话是什么？

三、今天我收入了多少钱？（财富进口）（没有收到钱不写）

1．今天收到这笔钱我内心的感受都有什么？

2．收到这笔钱给我带来的三个价值是什么？给对方带来的是哪三个价值？

3．支持我收到这笔金钱的三个正向程序是什么？

4．我会用这笔钱去滋养谁？还有谁？还有谁？

财富丰盛第二阶段:破解财富轮回

唯有金钱的力量才能征服整个世界。

——塞·巴特勒

财富喜欢"阿凡达"

产品永远都是我们传递爱的载体。如果一个营销员不能够站在这个高度去营销产品,如果一个企业的起心动念不是从这个角度出发,企业的业绩财富注定不会长久,产品的销量注定不会扩大。

我们来到这个地球唯一的使命就是通过各种行业去创造财富,用创造的财富不断地去服务社会。想要财富丰盛,我们必须启动我们内在的阿凡达。其实我们都是阿凡达,只不过是迷失的阿凡达而已。

阿凡达，名为"Avatar"，词根本源自梵文。意指降临人间的神之化身，通俗意义可理解为"内在高意识"，或者宇宙意识。通俗地说，就是可以理解成神降临到人世用人的肉体施展神的力量，更加通俗地说就是拥有净化地球的特殊使命的宇宙意识。

阿凡达就是拥有特殊使命的意识来到人间。像佛陀、耶稣、圣母玛利亚、爱因斯坦、牛顿、贝多芬、老子……所有用他们的能量为这个世界作出过卓越贡献的生命都可以被称为阿凡达，他们都用自己的天赋推动了这个世界的进化。他们推动地球进化的方式，在这里我不作描述。每个人都有自己的天赋，每个人都有自己的内在高意识，可惜我们都没有启动，或者我们根本都不知道。当我们内在的这种意识启动的时候，财富的能量就会被打开。

这个宇宙其实只有一个意识，那就是宇宙意识，金钱意识也是宇宙意识，不同的宗教对这个宇宙能量的称呼不同，但是都是一种能量。这个宇宙意识流经树木、花草、动物、植物、人类，它流经万物……也就是说，我们宇宙的万事万物都是宇宙意识的载体，每一个生命的内在里都有一个宇宙意识存在。这种存在被很多人称呼为"神"或"高我，大我"，其实是一回事。我们内在的宇宙意识都在连接着万事万物。我们生活中的那些拥有特殊功能和神性的人，只不过是启动了他内在的宇宙意识而已。看到了真相，就不奇怪了，**如果启动了我们内在的宇宙意识，我们都会拥有先知先觉的预感能力，我们都会拥有心想事成的能力**，因为我们连接着所有的在其他生命体里存在的宇宙意识。

当我们内在的高意识被启动的时候，我们的金钱意识也会同时被启动，金钱意识的开启或者合一，我们的财富就会丰盛。

财富丰盛第二阶段：破解财富轮回

宇宙意识进入我们的生命体内，是为了实现进化和净化地球的使命；我们本身就是一个带着特殊使命的阿凡达，只不过迷失了，迷失在地球意识当中（地球意识也称为自我意识）。在宇宙意识没有进入我们的内在之前，我们的个体生命都拥有一个个体意识，也称为自我意识。这个自我意识就是我们经常讲的"小我""假我"。这个自我意识非常强大，因为他已经随着地球的进化演变了无数个年代。这个自我意识通常都是通过头脑来制造问题，制造业力。所以我们每一个生命里都经常会呈现强势、霸道、固执、自私、冷漠、狭隘、抗拒、恐惧、愤怒……这些状态就是自我意识最重要的属性。也因为这些自我意识让我们内在的宇宙意识迷失了，我们忘记了我们的特殊使命，我们没有活出阿凡达的生命状态和属性。没有活出属性，也就没有活出金钱意识的属性。

我们每个人都是迷失的阿凡达，一个被地球意识弄迷失的阿凡达。宇宙意识流经每一个生命体，都在每一个生命体内存在一个天赋，一个不同的天赋。所有在地球上作出重要贡献的生命都是活出了自己的天赋。**所有拥有非凡成就的人都得到了宇宙意识的指引。他们连接到了宇宙意识带给他们的信息。**比如乔布斯发明的苹果手机就是最为现实的写照。唯有启动我们内在的宇宙意识，才能真正活出阿凡达精神和使命。

金钱的多少取决于你使命的大小。

使命越大，宇宙为你匹配的财富就会越多。

当然你的使命必须是服务众生的。

唯有启动连接我们内在流进的宇宙意识，我们内在的金钱意识才能够启动，我们的财富才能够得以指引。而要启动之前先要唤

醒，唤醒之前先要放下自己的自我意识。唯有放下自我意识，我们内在的阿凡达才能够被唤醒。唤醒了我们的阿凡达就唤醒了我们内在的金钱意识。这也许需要几年或者一辈子，或者生生世世；也许就在今天，就在当下。

宇宙意识才是我们永恒的"根"……

唯有活在宇宙意识里，我们的金钱意识才会和我们的梦想自动匹配，这样我们才能真正吸引到财富，金钱才会和我们一起舞动。

也许看完这篇文章，你就会觉醒，开始启动自己的天赋……让迷失的阿凡达开始苏醒，开始行使自己生命中的特殊的天赋和特殊的使命。

当你开始行使自己的使命时，你的财富就会和你进行有效的匹配，一切都会自然地发生！

苏醒吧，各位看到这篇文章的阿凡达们，宇宙需要你，地球需要你，世界需要你，社会需要你，中国需要你！

这个宇宙足够的丰盛，这个宇宙足够的慷慨……

醒来，从现在开始！

财富丰盛第二阶段：破解财富轮回

财富丰盛训练日记（第15天）

一、今天我显化的三个财富成果是什么？

1. ＿＿＿＿＿＿＿＿＿＿＿＿＿＿＿＿＿＿＿＿＿＿＿＿＿＿

2. ＿＿＿＿＿＿＿＿＿＿＿＿＿＿＿＿＿＿＿＿＿＿＿＿＿＿

3. ＿＿＿＿＿＿＿＿＿＿＿＿＿＿＿＿＿＿＿＿＿＿＿＿＿＿

二、今天我花了多少钱？（财富出口）

1．我花的这笔钱都滋养了谁？还有谁？

＿＿＿＿＿＿＿＿＿＿＿＿＿＿＿＿＿＿＿＿＿＿＿＿＿＿＿＿

2．我今天花钱时给金钱承载的三个能量是什么？

＿＿＿＿＿＿＿＿＿＿＿＿＿＿＿＿＿＿＿＿＿＿＿＿＿＿＿＿

3．今天我花钱的三个正向程序是什么？

例：我能花就一定能赚！

　　赚钱就像呼吸一样简单！

（1）＿＿＿＿＿＿＿＿＿＿＿＿＿＿＿＿＿＿＿＿＿＿＿＿

（2）＿＿＿＿＿＿＿＿＿＿＿＿＿＿＿＿＿＿＿＿＿＿＿＿

（3）＿＿＿＿＿＿＿＿＿＿＿＿＿＿＿＿＿＿＿＿＿＿＿＿

4．今天我花的这些钱为我带来了哪五个价值？

＿＿＿＿＿＿＿＿＿＿＿＿＿＿＿＿＿＿＿＿＿＿＿＿＿＿＿＿

＿＿＿＿＿＿＿＿＿＿＿＿＿＿＿＿＿＿＿＿＿＿＿＿＿＿＿＿

5．我今天和金钱的互动遵循了什么法则？

＿＿＿＿＿＿＿＿＿＿＿＿＿＿＿＿＿＿＿＿＿＿＿＿＿＿＿＿

6．今天我想对金钱说的三句话是什么？

三、今天我收入了多少钱？（财富进口）（没有收到钱不写）

1．今天收到这笔钱我内心的感受都有什么？

2．收到这笔钱给我带来的三个价值是什么？给对方带来的是哪三个价值？

3．支持我收到这笔金钱的三个正向程序是什么？

4．我会用这笔钱去滋养谁？还有谁？还有谁？

财富丰盛第二阶段：破解财富轮回

伟大的思想能变成巨大的财富。

——塞内加

财富就是业力与愿力的对决

有一次和一个学员沟通，令我非常感慨。他告诉我：我知道任何事情都要感恩，要有爱，要活出宽恕与胸怀，因为活出了这些生命特质，我们的金钱意识才能够有安全感，才能愿意留在自己身边，可自己就是做不到。在我的课堂上很多学员向我提出过类似的问题，我经常探索：一个人为什么知道而做不到？我承认很多时候我也做不到爱与感恩，我们从小到大在父母的教育下，明白了很多的道理，可是在实际行动上根本就无法做到。该平和的时候依然愤

怒，该诚信的时候依然违反承诺，该爱的时候依然爱不起来，该宽恕的依然放不下那份仇恨，该感恩的依然会计较……

我们很多人懂得了很多道理，可是仍然过不好这一生。为什么呢？

当我们的内在拥有爱与感恩的时候，当我们对梦想有强烈的渴望时，当我们对财富拥有极强的愿力时，金钱意识才能真正被我们吸引而来。 可是我们总是爱不起来，感恩总是做不到，愿力总是被干扰，财富怎么可能来到我们的生命里？

到底是什么阻碍了我们去做到这一切？

为了探索这个真相，我用了很长的时间，多次远赴国外游学探索真相，经过我的亲身验证，终于了悟这一切的运作原理。

一切都是业力的牵绊，是业力在阻碍我们做到这一切。业力在实实在在地干扰我们金钱意识的自然流动。这些业力可以理解为负能量，我们的磁场周围总是会有很多负能量的人存在。这些人不但负面而且喜欢摧毁他人的梦想。你的财富好，他就诅咒、嫉妒你；你的财富不好，他又看不起你。

我们生命中出现的所有问题都是业力和生命程序的问题。 这是所有问题的真相，而这个真相大多数人并没有觉察。

那么，到底什么是业力？什么是生命程序？在国外游学时，我和导修老师探索过这个问题。在探索中我突然了悟到业力的真相，业力其实就是错乱的生命程序系统，这个宇宙意识的本能属性是爱与感恩，爱与感恩是一个有序的生命程序系统。因为这样的系统进入了我们的生命体，因此我们的生命体会呈现付出、包容、自信、宽恕、胸怀等最优秀的特质。

财富丰盛第二阶段：破解财富轮回

所有这些特质的呈现就是因为我们活在一个正确的生命系统组合频率里面。

而当宇宙意识进入我们的生命体之后，受地球本身的场域业力干扰，我们本来有序的生命系统被改变了，被影响的非常错乱。因为错乱，于是生出自私、强势、霸道、固执、掌控、自以为是等负面的生命特质。负面的特质生发出负向的生命程序，负向的生命程序又生发出负面的行为方式，负面的行为方式又产生了一个我们不想要的结果。尽管我们不愿意要这样的生命状态，可是我们已经身不由己。我们只能身不由己地活着，尽管我们感到非常的痛苦。

我们为什么会被地球的业力场干预？是因为我们的意识在进入这个地球之前，在这个空间里已经有太多的负能量存在。这些大量的负能量形成的"场"就是业力。具体来讲就是我们累世的业力形成了一个"场"；我们家族的错乱的负能量形成的"场"；我们父母错乱的负能量形成的"场"；这个社会错乱的负能量形成的"场"。这些形成的"场"极大地干预和牵绊了我们自己的生命能量，一直没有人帮我们导正这些错乱的负能量系统，没有导正这些生命程序，我们就无法获得正确的感知系统，没有办法对这个世界和宇宙建立正确的认知。认知系统错了，外在世界就错了。

我一直提到宇宙法则就是"正向观点法则"。那什么是正向观点法则？就是**什么样的观点一定会得到什么样的结果，所有结果的发生都是自己的固有观点导致的**。唯有去到了爱与感恩的频道，我们才有可能产生正确的认知系统。而要想去到爱与感恩的频道，我们首先要清理的就是我们的家族、社会、累世、父母以及自己的口、身、意所带来的负面场域影响。

无论我们是否愿意，这些业力我们都必须面对。这是我们每一个生命都必须面对的痛。没有了业力的牵绊，财富会来到，健康会来到，贵人会来到……我们的生命才能真正活得自由。一个自由的生命才能去创造未来和实现梦想。

清理业力负能量，导正生命程序，是你我一生都需要面对的功课。

负面情绪就是业力与生命程序的呈现形式，当你在生活中不断重复地出现负面情绪时，就是内在生命程序的错乱。要想清理，必须从每一个情绪开始切入。

导正我们错误的生命程序，修改我们灵魂深处的能量源代码，和解我们遇到的负面意识，生命就会开始精彩，财富就会丰盛。

要想得到我们完美的世界，只有增加自己的愿力，消除自己的业力。

财富永远都是一场业力与愿力对决的游戏……

财富丰盛第二阶段：破解财富轮回

财富丰盛训练日记（第16天）

一、今天我显化的三个财富成果是什么？

1. _____
2. _____
3. _____

二、今天我花了多少钱？（财富出口）

1. 我花的这笔钱都滋养了谁？还有谁？

_____

2. 我今天花钱时给金钱承载的三个能量是什么？

_____

3. 今天我花钱的三个正向程序是什么？

例：我能花就一定能赚！

赚钱就像呼吸一样简单！

（1）_____

（2）_____

（3）_____

4. 今天我花的这些钱为我带来了哪五个价值？

_____

_____

5. 我今天和金钱的互动遵循了什么法则？

_____

6．今天我想对金钱说的三句话是什么？

三、今天我收入了多少钱？（财富进口）（没有收到钱不写）

1．今天收到这笔钱我内心的感受都有什么？

2．收到这笔钱给我带来的三个价值是什么？给对方带来的是哪三个价值？

3．支持我收到这笔金钱的三个正向程序是什么？

4．我会用这笔钱去滋养谁？还有谁？还有谁？

财富丰盛第二阶段:破解财富轮回

自由向来是一切财富中最昂贵的财富

——罗曼·罗兰

金钱是宇宙恩典的显化

  金钱是宇宙恩典的显化。佛学对人类最重要的贡献就是总结出了因果法则,万事皆有因果,有因必有果。我们今天的果来自于昨天的"因",所以在接受和体验"果"的同时,我们也在种下明天和未来的因。如此因果反复,就形成了因果轮回。不管我们是否愿意,我们每天都活在地球的因果制约与轮回当中,我们天天会受到轮回之苦。在我们根本都没有觉察的情况下,因果报应已经发生……我们在地球上永远逃不出因果法则。

种下善因会有一个善果，种下恶因会有恶果，这是我们地球上人人公认的因果法则。佛教用六道轮回来描述因果的报应关系，这种描述深深地震慑着每一个生命。看到这些描述我们都会心生恐惧。而这种恐惧本身就是一个不好的"因"，这种"恐惧因"本身就会产生一个"恐惧果"。从能量的角度看，这种因果法则本身就不符合宇宙爱与感恩的属性。

带着这样的困惑我多次出国游学了悟，终于看清了一个真相。因果法则根本不属于宇宙法则，只属于地球法则。宇宙由无数个星球和无数个次元空间组合而成，就像这个世界是由200多个国家组成的一样。而每一个星球和能量空间都有自己独特的运作规则，就像每一个国家都有自己维持秩序的系统一样，每一个国家都有自己独特的风俗习惯；而每个星球的运作法则不能代替宇宙法则，而宇宙法却一直在影响着所有的星球。宇宙能量本身存在于宇宙空间的每一个角落。

我们如果从宇宙的角度看因果法则，就可以跳出空间，活出宇宙意识，慢慢破除因果轮回。**其实从宇宙的角度来讲，发生在我们生命里的每一件事情，遇到的每一个生命都是为了给我们带来恩典，是为了让我们可以更好。**唯有恩典法则才可以破除因果。可惜我们却不会解读宇宙的恩典，更没有这个意识。有的事情发生是为我们纠偏模式；有的事情发生是为了阻止我们的计划，因为宇宙知道按这个计划执行会出事；有的事情发生是为了告诉我们频道错了，需要修正；有的事情发生是为了我们更加的安全。一切的发生都是宇宙最好的安排，每一次的发生都是为了让我们更好。

宇宙意识安排所有的事情发生，是为了让我们做功课，为了通

过功课完成我们的使命，通过功课来连接宇宙意识。在我们身边出现的人和事物都隐藏着不同的课题，可遗憾的是，受地球业力的影响，我们根本不知道这些课题的存在，更谈不上去做功课了。如果我们没有做完每件事情发生的功课，那么，生活对我们的挑战就不会结束，地球业力给我们制造的痛苦就不会停止，我们生命的因果就会反复循环，直到生生世世……

因为我们不懂恩典法则的运作，所以我们的生命才会受因果法则的制约，才会受轮回之苦。金钱意识也会受到影响，我们的生命能量就会被完全制约。行走在爱与感恩的路上我们才能真正接受到宇宙的恩典……

恩典法则永远大于因果法则。因为恩典法则是宇宙法则，因果法则是地球法则。

如果我们每一天都能够带着觉察去解读恩典，我们就会破除因果轮回。想一下，你今天的成果一定比以前好；而现在的成果就是过去发生的事情把你一步步推到了今天的成就。不管过去发生的是好的还是坏的，这都不重要。因为都是恩典。保持对每件事情的感恩，才能接受恩典。

宇宙意识在用各种方式唤醒你：

如果爱不能唤醒你，

那么生命用痛苦来唤醒你；

如果痛苦不能唤醒你，

那么生命用更大的痛苦来唤醒你；

如果更大的痛苦不能唤醒你，

那么生命用失去唤醒你；

如果失去不能唤醒你,

那么生命用更大的失去唤醒你,

包括生命。

生命会用生命的方式,在无限的时间和空间里,无止境地来唤醒你。

直到你醒了。

各位朋友,此刻如果你能够带着觉察去体验过去的失去、今天的失去,一定能够解读到里边的恩典。尝试让恩典去主宰我们的生命吧!用恩典主宰生命就是活在宇宙意识中……

活在宇宙意识当中就是活在了金钱意识当中,进入我们口袋里的每一分钱都是宇宙意识对我们深深的爱与奖励。

因为我们是值得的,我们是尊贵的。

财富丰盛训练日记（第 17 天）

一、今天我显化的三个财富成果是什么？

1. _____
2. _____
3. _____

二、今天我花了多少钱？（财富出口）

1. 我花的这笔钱都滋养了谁？还有谁？

_____

2. 我今天花钱时给金钱承载的三个能量是什么？

_____

3. 今天我花钱的三个正向程序是什么？

例：我能花就一定能赚！

赚钱就像呼吸一样简单！

（1）_____
（2）_____
（3）_____

4. 今天我花的这些钱为我带来了哪五个价值？

_____

_____

5. 我今天和金钱的互动遵循了什么法则？

_____

6．今天我想对金钱说的三句话是什么？

三、今天我收入了多少钱？（财富进口）（没有收到钱不写）

1．今天收到这笔钱我内心的感受都有什么？

2．收到这笔钱给我带来的三个价值是什么？给对方带来的是哪三个价值？

3．支持我收到这笔金钱的三个正向程序是什么？

4．我会用这笔钱去滋养谁？还有谁？还有谁？

财富丰盛第二阶段：破解财富轮回

感恩是财富，抱怨是贫穷。

——王中孚

你痛苦钱就没了

你痛苦的时候钱就没了！

你恐惧的时候钱就没了！

你懦弱的时候钱也没了！

你憎恨的时候钱也没了！

金钱喜欢感恩、喜悦的能量，金钱喜欢聚集到充满爱的地方，一个生命越痛苦，就会越没钱。越没钱就会越痛苦，这是一个轮回。我们很多人非常渴望拥有金钱，可是自己的生命状态却非常的

糟糕：自闭、自卑、痛苦、受害，等等。

唯有从痛苦中走出来，才能破除轮回。

贪婪的人都渴望得到，却不想要失去，失去就意味着痛苦。我们总想得到无数的财富，却不愿意去贡献。怕失去是人性最原始的弱点，因为失去意味着痛苦，意味着恐惧……

只要活着，我们的痛苦就不会结束。

也许我们死亡之后，痛苦也不会结束。

也许生生世世，我们的痛苦也不会结束。

在我们的生命中，我们大多数人都在经历着恨之苦，愤怒之苦，恐惧之苦，分离之苦，病之苦，评判之苦，孤独之苦。老板每天在经历着资金之苦，留人之苦，合作之苦，业绩之苦，客户与市场之苦。员工在经历着业务之苦，薪水之苦，被领导之苦。男人在经历着责任之苦。女人在经历着唠叨之苦，不被理解之苦，恐惧男人花心之苦。孩子也在经历着约束之苦。

无论我们是否愿意，这些苦我们都无法逃避，逃避了又要受逃避之苦，面对了又要受面对之苦。这个苦结束了，下一个苦马上就来了……总之，痛苦每天都会在你我左右。

在我们的生命中，某些时候，我们可能会痛恨一个人，因为，我们对他/她有满腔的愤怒无处发泄，就会演变成恨意。于是痛苦就开始在我们身上轮回。

为什么会对一个人有愤怒？当然，一定是对方做的事，或说的话让你受伤了。这个伤通常是心里的伤：被抛弃、被背叛、被误解、失望等，继而引发我们伤心、痛苦、羞愧、悔恨等情绪。真相是什么？原来我们无法原谅的，其实不是那个人或是那件事，而是

因它们而产生的情绪，让我们无法招架。当我们不愿意为自己内在的情绪负责，更不愿意去感受它们的时候，我们就去责怪、怨恨那些为我们招来这些情绪的人和事。所以我们每天都会受情绪之苦。

我们为什么会有这些痛苦？

第一个原因就是我们受业力的影响与牵绊。**每一种苦都是业力的呈现，业力都是通过这些苦来呈现的**。因为我们的细胞储存了大量的负面记忆，而这些负面的记忆每天都会被我们的情绪唤醒。

第二个原因就是错乱的生命程序形成了我们错乱的认知系统。什么是认知系统？举例：我们很多人都认为生命来到这个世界上是受苦的。这就是对生命的认知系统，这种认知系统必然会让一个生命痛苦一生地结束。这种认知系统会让我们认为我们受苦是理所当然的。我们要想不受苦就必须改变我们的认知系统。每个生命来到地球不是为了受苦，而是为了体验生命，享受生命的。这才是正确的认知系统，而这种认知会让一个生命真正活在喜悦中，因为每一个生命都是尊贵的，都是一个伟大的宇宙意识。

所有的这些痛苦都是为了超度我们迷失的灵魂，让我们的灵魂在痛苦中得到觉醒。**唯有这些痛苦才能超度和净化我们的灵魂，所以让我们受苦的不是痛苦本身，而是我们对痛苦的认知和看法。**而是我们错乱的看法导致的情绪系统。

每次痛苦的发生都是一个恩典，每一个恩典之中都隐藏了无数的价值，宇宙让我们通过这个恩典去导正我们内在的生命程序，去释放我们累世的负面记忆，更是为了超度我们已经污染的灵魂。

痛苦的发生本身不重要，重要的是我们要从痛苦中完成对自己灵命的救赎与成长。当我们能够跳出问题看问题，跳出痛苦看痛

苦，跳出地球看一切的发生时，我们就不会再受这些痛苦的制约和牵绊。

每一个痛苦都是我们生命中最大的恩典，学会接受了恩典，拿到价值，我们遇到的挑战就会自动结束，我们的痛苦就会自动转化。而造成痛苦的"因"也会自动消失，这就是神奇的宇宙能量运作。

亲爱的朋友们，痛苦了，就好好地庆祝一下，去找到20个价值，因为痛苦了说明我们还活着，我们内在的灵命并没有死亡，通过痛苦来释放业力，我们的灵魂就会被超度。超度了灵魂，我们内在的灵命就会快速地复原与成长。

永远记住痛苦与恩典、价值并存。

面对了自己内在的伤痛，就疗愈了这份伤痛，疗愈了这份伤痛就清理了内在的垃圾世界，清理了内在就变得清净了。清净了金钱意识就容易进驻了，当金钱意识进驻我们内在的时候，我们和金钱意识的能量就会合一了。

走出痛苦，让自己拥有喜悦才是王道，因为金钱意识的本质是喜悦的。

每一个伤痛的背后都有巨大的恩典，每一个恩典的背后都有无数个价值，每一个价值都是金钱的呈现。

你坚定的时候钱就来了！

你喜悦的时候钱就来了！

你负责任的时候钱就来了！

你感恩的时候钱就来了！

财富丰盛第二阶段：破解财富轮回

财富丰盛训练日记（第 18 天）

一、今天我显化的三个财富成果是什么？

1. _____

2. _____

3. _____

二、今天我花了多少钱？（财富出口）

1. 我花的这笔钱都滋养了谁？还有谁？

_____

2. 我今天花钱时给金钱承载的三个能量是什么？

_____

3. 今天我花钱的三个正向程序是什么？

例：我能花就一定能赚！

　　赚钱就像呼吸一样简单！

（1）_____

（2）_____

（3）_____

4. 今天我花的这些钱为我带来了哪五个价值？

_____

_____

5. 我今天和金钱的互动遵循了什么法则？

_____

6. 今天我想对金钱说的三句话是什么?

三、今天我收入了多少钱?(财富进口)(没有收到钱不写)

1. 今天收到这笔钱我内心的感受都有什么?

2. 收到这笔钱给我带来的三个价值是什么?给对方带来的是哪三个价值?

3. 支持我收到这笔金钱的三个正向程序是什么?

4. 我会用这笔钱去滋养谁?还有谁?还有谁?

财富丰盛第二阶段：破解财富轮回

财富转化是一场意识的进化。

——王中孚

这个世界根本没有失败

财富不仅仅是金钱，还包括自己的人脉关系，包括自己拥有的所有物质世界，包括自己拥有的能量和能力以及未显化为金钱的种种隐形成果。所有未显化为具体金钱的结果都称为成果。**每一个成果本身都是金钱显化的先兆。我们和成果的关系建立直接决定金钱的具体显化。**

成果最后能不能显化为具体的金钱，完全取决于我们对成果的认知和感觉。我们很多人没有和成果建立良好的关系，所以金钱都

白白地流失了。那么我们如何才能和成果建立一个和谐的关系呢？

我们先从一个现象开始探索：当你设定了一个目标，制定了一个详细的计划，有了周密的行动方案，当你感觉到一切都没有问题，信心满满时，最后的结果却失败了，或者离你当初的期望相差甚远。这时候，你的内心是一个什么感受呢？我相信很多人都会非常沮丧，有深深的失败感，在这种失败感的驱使下开始检讨自己，拼命地找自己和团队的问题和过错，找不到过错根本无法原谅自己。于是，带着深深的失败感又开始了新的目标设定，行动，不尽人意，产生失败感……我们大多数的人生就是这样子轮回的。

其实我们大多数人都违反了成功法则和人性法则，在我的课堂上，我经常拿卖包子举例，因为这可能比较通俗易懂。假如你新开了一个包子店，你信心满满地设定了第二天卖10笼包子，结果第二天结束，你却只卖了4笼，这个时候，你会很有挫败感，带着这种挫败感，到了第三天只卖出2笼，最后一笼都卖不出，最后你得出结论：自己不适合做这个行业。

这是大多数人的奋斗写照，当你带着失败感或者恐惧感开始你的目标旅程时，你和成果的关系已经断裂了。很多人谈业务都是带着恐惧和压力开始的。**我们的内在世界决定外在世界，内在的失败感和恐惧感一定会吸引一个外在的失败结果。如何反转？必须从内在的感觉开始反转，**因为感觉就是能量。感觉反转了，能量就反转了，内在能量反转了，外在的物质世界自然就会显化。

那么，如何才能反转自己的内在能量呢？我和大家分享三个成功法则：

第一个法则：清理法则。

财富丰盛第二阶段：破解财富轮回

当你开始面对目标时，必须把你产生的压力和恐惧感清理掉，这个很重要。对着你的目标画面说：对不起，请原谅，谢谢你，我爱你。连续100遍，直到自己内心平和为止。这个方法非常有效。

第二个法则：成长法则。

我提出了一个理论就是**这个世界上根本就没有失败，在任何一个成果中，我们要么成功，要么成长**。有时候我们没有达到目的，但是我们从过程中成长了，活在成长里比什么都重要。成长比成功更重要。所以每一次的结果，问问自己：我可以学到的是什么？我的成长是什么？我得到的价值是什么？如果这样，你的内在就不会产生失败感，会拥有成功感，一个内在成功的感觉必然会吸引一个丰盛的外在世界。

第三个法则：庆祝法则。

什么是庆祝法则？就是每时每刻都要庆祝自己取得的成果，再小的事都要去庆祝。我有很多外国朋友，和他们在一起，我最大的感受是，他们能够活在当下，每时每刻都很喜悦，每天都活在庆祝当中。当时我很不理解，因为我们中国人总是比较含蓄。后来才深深发现他们都活在宇宙法则里，宇宙意识的本质是喜悦，越喜悦，成果就会越大……就像我前面举例卖包子一样，虽然自己制定了10笼的目标，结果只卖了4笼，这时不能带着失败感继续，必须把这种负面的感受清理并反转为正向感觉。怎么反转？就是找出价值并且庆祝……庆祝自己开始进入包子行业，庆祝自己获得了经验，庆祝自己勇敢地开始了，庆祝已经有顾客愿意支持自己的生意了……

各位朋友，学会反转自己内在的失败感吧，学会庆祝自己每一刻的成长与成功。当我们能够活在这个频道里的时候就和成果建立

了一个同频共振的关系。这种同频的关系就是金钱显化的前奏。

此刻,看到这里,为你今天的成功或者成长庆祝一下吧。活在宇宙的法则里比什么都重要!

财富丰盛第二阶段：破解财富轮回

财富丰盛训练日记（第 19 天）

一、今天我显化的三个财富成果是什么？

1. _____

2. _____

3. _____

二、今天我花了多少钱？（财富出口）

1. 我花的这笔钱都滋养了谁？还有谁？

_____

2. 我今天花钱时给金钱承载的三个能量是什么？

_____

3. 今天我花钱的三个正向程序是什么？

例：我能花就一定能赚！

赚钱就像呼吸一样简单！

（1）_____

（2）_____

（3）_____

4. 今天我花的这些钱为我带来了哪五个价值？

_____

_____

5. 我今天和金钱的互动遵循了什么法则？

_____

6. 今天我想对金钱说的三句话是什么？

三、今天我收入了多少钱？（财富进口）（没有收到钱不写）

1. 今天收到这笔钱我内心的感受都有什么？

2. 收到这笔钱给我带来的三个价值是什么？给对方带来的是哪三个价值？

3. 支持我收到这笔金钱的三个正向程序是什么？

4. 我会用这笔钱去滋养谁？还有谁？还有谁？

财富丰盛第二阶段：破解财富轮回

创造财富是一种灵性的活动。

切断穷人的轮回

这个世界富人和穷人的行为方式永远都不会一样。哈佛大学的教授穆来森和普林斯顿大学教授沙菲对稀缺资源状况下人的思维方式进行了研究。他们的研究表明：匮乏会导致认知和判断力的下降，无论这种匮乏是金钱上的还是时间上的，人的思维方式都会受其影响。

我上大学的时候因为穷，遇上各种兼职的机会都会盲目并拼命地抓住，做家教、发传单、做咖啡馆服务生、推销员、电话销售……只

要能赚到一点钱，我并不在意这些工作对我个人成长、未来职业发展有什么帮助。说实话，我几乎从来没有想到过这个事情，因为"前瞻"不够，我要为这些低薪的工作奔忙，当时还有学业上的压力，贫穷让我变得短视、狭隘、急功近利。后来，毕业了，我又开始进入忙碌而又贫穷匮乏的生活。

15年前，有几个刚大学毕业不久的大学生跟我咨询过他们的职场问题。他们的情况大致如此：农民或者小镇工人的子女，大学毕业后来到北上广打拼，做着一份忙碌又薪水不高的工作，干了几个月就受不了，觉得工作太累，薪水太低，于是在冲动之下辞职。原本想利用辞职这段时间好好想一想自己到底适合和喜欢做什么工作，但因为存款不多，大城市生活的压力又大，辞职之后更加焦虑，眼看着钱快花光了，因此也没法静心找工作，焦虑之下随便找了一份工作先干起来。可是，这份新工作薪水还是不高，还是自己不喜欢的，工作时又陷入了焦虑和痛苦之中……于是他们在不自知中陷入"金钱匮乏——摆脱匮乏引起的焦虑和痛苦——决策错误无效逃离——匮乏维持或加剧"这一循环模式，我称之为"贫穷匮乏模式"。

通常我会建议他们一方面紧衣缩食，继续坚持工作下去，这是为了缓解金钱上的焦虑和不安；另一方面我会建议他们利用下班之后的时间去探索和学习自己感兴趣的专业。如果他们工作不仅薪水低，还异常忙碌，周末都需要加班，我还会建议他们换一份不那么忙的工作，以此扩展注意力的"带宽"，利用空余的时间学习和思考，为审视和选择自己的行为赢得空间。

当一个人对稀缺资源过分关注和焦虑的时候，他的思维能力和

财富丰盛第二阶段：破解财富轮回

判断能力会下降，导致他做出更多错误的选择，然后一不小心就走入"匮乏模式"。当一个穷人产生金钱和时间上的双重匮乏时，如果缺乏清醒的认识，没有作出调整，会导致他因逃离痛苦和焦虑，更快地进入"匮乏模式"的循环，最后整个人的生活将陷入混乱和毁灭。

我曾经参加过一个课程，其中有个课题的内容是"穷人心态"。老师举例说明了"贫穷匮乏模式"：2003年英国彩票大奖得主卡莉·罗杰斯把300万美元奖金挥霍在疯狂购物、吸食可卡因、交朋结友以及隆胸手术上。后来，她又开始从事女仆的工作，因为破产了。1988年宾夕法尼亚州彩票大奖得主威廉姆·巴德·珀斯特把超过1600万美元奖金花在豪宅和汽车以及糟糕的生意上，后来珀斯特宣布破产，在向一位要债人开枪后又身陷囹圄，最终于2006年在潦倒中死去。这些例子并不是特例，根据美国国家经济研究局的调查显示，最近20年来，欧美的大多数彩票头奖得主，在中奖不到5年之内，都会因为挥霍无度等原因变得穷困潦倒。这个调查显示，美国彩票中奖者中奖之后的破产率高达75%。

为什么有这么多中奖者破产？有的人说是因为他们运气用光或者遇人不淑。我也在网上查过相关的资料，有研究者认为："彩票玩家的收入和受教育程度均低于平均水准，他们的理财能力往往有限。"另外，中奖者的头脑中可能还会存在一种被行为经济学家称为"心理账户"的现象，对中奖得来的钱抱着随意态度，不像对辛苦赚来的薪金收入那么谨慎。我的老师的解释是：那些中彩票的人的观念停留在穷人层面，他们意外收获的财富已经超越他们的认知系统。最后决定他们人生的不是现有的财产，而是对金钱的认

知，他们不懂得像富人一样去思考。老师进一步说：这些人穷在自己的心理，给他们多少钱，中多少彩票都填补不了。

我非常认同老师的观点。这与穆来纳森所说的"稀缺头脑模式"其实是异曲同工的。穷人在长期生活中的匮乏感和紧张的状态中会形成"稀缺头脑模式"，后来即便摆脱了这种稀缺状态，也会被这种"稀缺头脑模式"纠缠很久。

在我们接触到的很多成功故事和传媒信息里展现的是：**贫穷这种逆境对一个人的成长会有正面积极的影响，会激发一个人的潜能去努力超越自己**。现在五六十岁的成功企业家中有不少人从小家境就非常贫寒。松下幸之助也曾说自己成功的秘诀之一是："贫穷让我知道只有奋斗才能成功。"但这些只是特例，这与个人强大的内心素质和机遇有关。现实生活中更普遍的现象是，贫穷像一种慢性病毒，中了这种病毒的人连心智都会被其腐蚀掉。贫穷对人最大的伤害不是肉体上受了多少苦，也不是为了生存要付出更多艰辛的努力，而是影响一个人的心态和思维方式，那种内在心理的金钱匮乏感，会让穷人难以摆脱贫困，就算有幸摆脱了，他们也不易自在地做富人。

穷人往往在有钱之后也难以摆脱内在金钱的匮乏感。成为有钱人的他们感受到的匮乏感不是在现实层面的，而是在心理层面的。他们中有的人像中彩票头奖的穷人一样，很快地将金钱挥霍掉，重新变穷。有的人通过不断挣钱、不断消费来填补内心的匮乏感。那些过度消费，无法节制自己购物欲的女性有部分就属于这一类，她们并不是人们认为的那样虚荣和贪婪，而是内在金钱的匮乏。还有的人终其一生都过分关注和追求金钱，被金钱所控制。

财富丰盛第二阶段：破解财富轮回

我有两个学员，他们是一对夫妻，都在比较大的国企上班，收入不错又稳定，在北京的三环以内已经有三套房子了，对很多人来说他们已经是富人了。但是在他们的心理层面上还充满了金钱的匮乏感。这对夫妻在最热的夏天都不开空调，经常将办公室厕所中的卷纸带回家，家里的家具都是捡别人扔掉的。两个人每个月都紧衣缩食，为了买他们的下一套房子而努力攒钱。因为对自己和他人都抠门得太厉害了，他们的行为在同事和朋友的眼中看来荒诞得近乎可笑。原来，这对夫妻各自都经历过长期的贫穷和住房的紧张。

有个朋友的母亲六十多岁，年轻的时候穷怕了，留下一句口头禅：留着，以后用得着。当她从乡下搬到儿子在城里的大房子里住的时候，总是喜欢在外面的街上捡点破烂回家囤积着，在家里也囤积各种各样的垃圾袋。每次家人劝阻她，她都要说那句：留着，以后用得着。

那些内在对金钱充满匮乏感的人，他们对金钱的焦虑有时是不太现实的。心理学家张怡筠就见过一个拥有5000万元存款还活得非常焦虑的女人。理财专家认为安全感的底线是假如你6个月没有收入，还能保持良好的生活状态，说明你是足够安全的。可以按如下公式计算：存款（可用现金）＋不工作得到的被动收入/月支出＝安全期。你安全感的底线是多少个月呢？

如果一个人内在充满金钱的匮乏感，他穷在自己的心里，给他多少钱都无法让他有富足的感觉。即便他看起来是个富人，其实本质上还是一个穷人，他们把钱看成生命中最重要的东西，过度追求，受金钱的奴役，没有享受到物质富足带来的心之自由和平和。如果一个人内在充满金钱的富足感，即便他现在看起来是个穷人，

因为能"前瞻性"地思考未来,他能够像富人一样思考,能够克己自律,克服短视和急功近利,为了长远的未来进行规划和发展,相信金钱一定会在不久的将来眷顾他的。

所有内在贫穷的人的生命黑洞都是需要被疗愈的,唯有从根本上修正生命程序,切断穷人的认知轮回,一个穷人才能真正摆脱轮回,否则世世代代都会受这种业力牵引而不能自拔!

财富丰盛第二阶段：破解财富轮回

财富丰盛训练日记（第 20 天）

一、今天我显化的三个财富成果是什么？

1. _____
2. _____
3. _____

二、今天我花了多少钱？（财富出口）

1. 我花的这笔钱都滋养了谁？还有谁？

_____

2. 我今天花钱时给金钱承载的三个能量是什么？

_____

3. 今天我花钱的三个正向程序是什么？

例：我能花就一定能赚！

　　赚钱就像呼吸一样简单！

（1）_____
（2）_____
（3）_____

4. 今天我花的这些钱为我带来了哪五个价值？

_____

_____

5. 我今天和金钱的互动遵循了什么法则？

_____

6．今天我想对金钱说的三句话是什么？

三、今天我收入了多少钱？（财富进口）（没有收到钱不写）

1．今天收到这笔钱我内心的感受都有什么？

2．收到这笔钱给我带来的三个价值是什么？给对方带来的是哪三个价值？

3．支持我收到这笔金钱的三个正向程序是什么？

4．我会用这笔钱去滋养谁？还有谁？还有谁？

财富丰盛第三阶段：创造财富丰盛

金钱自由而充沛，使用者越喜悦，金钱越富足。

选择比努力更重要

在这个世界上最大的公平就是无论你多有权势和富有，无论你是多么的卑微和贫穷，最后都要死亡。在死亡面前人人平等，自古以来没有人能够逃离死亡，这是世界上最大的公平。

这个世界上最大的不公平就是：每一个人在活着的时候，有的尊贵地活了一辈子；有的卑微地活了一辈子；有的精彩地活了一辈子；有的平凡地活了一辈子；有的默默无闻地活了一辈子，有的惊天动地地活了一辈子；有的活得死而无憾；而有的却死不瞑目……

财富丰盛第三阶段：创造财富丰盛

有的生命离开之后，无数人为他哭泣，他的精神和事迹被世世代代传承着。而大多数生命离开的时候只有少数几个人知道。这也许是世界上最大的不公平。

然而，**世界上另一个公平就是宇宙为每一个生命都匹配了同样的一种能力，那就是选择力**。每个人都拥有选择的能力：怎么活一辈子？怎么实现梦想？怎么经营自己的家庭？你自己可以选择，没有人会阻止你。

选择比努力更重要。

选择不对，努力白费。

人生的成败取决于起点，起点的成败决定终点，而终点与起点最重要的是做对选择。

在我的课堂上我经常给学员讲一个苹果的故事。这个故事有四幅画面，第一幅画面就是：在一棵苹果树下，有一个人在看书，风轻轻地一吹，一个苹果落在了这个人的面前。这个人好像什么都没有发生一样，最后拍拍屁股离开了。

第二幅画面：又是一棵苹果树，风轻轻地一吹，一个苹果落了下来，刚好砸在了这个人的头上，这个人很愤怒，把这个苹果踩得稀烂。

第三幅画面：又是一棵苹果树，又是风轻轻地一吹，一个苹果落了下来，这个人口渴了，面对这个苹果心存感激，用这个苹果解决了自己的口渴之苦，这个苹果成了他的一个礼物。

第四幅画面：还是一棵苹果树，风轻轻地一吹，一个苹果落了下来，看到苹果落下来，这个人就在想：这个苹果为什么不往上掉呢？从这个现象开始了深深的探索，终于发现了改变人类历史的万

有引力。这个人就是牛顿。

同样是一个苹果,第一个人竟然熟视无睹;第二个人把它变成了灾难,深深地受害于这个苹果;第三个人把它变成了为自己补充能量的礼物;而第四个人则把这个苹果变成了改变人类历史的恩典。这四个人的呈现其实就是我们生活中的四个频道。

我们都想要财富,宇宙意识每天都在为我们送上财富。你的关系是财富、你的贵人是财富、你的家庭是财富、你的工作是财富、你的父母是财富、你的孩子是财富、你的事业是财富,可是大多数人都把来到自己身边的财富变成了灾难。有的熟视无睹,有的天天受害于这些。

朋友们,你每天让自己活在哪一个频道?财富是一个综合指数,不仅取决于你和金钱的关系,更取决于你和父母的关系,还取决于你和贵人的关系……更取决于你正确看待事物的角度,也取决于你选择的能力……

在一个拥有财富的频道创造财富才是符合宇宙法则的,我们要想拥有财富,就必须遵循宇宙法则。我们生命中所有的得到与失去都是因为我们遵循或违反了宇宙法则。

在这个宇宙中,法则最大,大过一切。

各位朋友,带着觉察,把自己生命中的一切变成礼物和恩典,你要的一切都会自动发生!

财富丰盛第三阶段：创造财富丰盛

财富丰盛训练日记（第 21 天）

一、今天我显化的三个财富成果是什么？

1. _____
2. _____
3. _____

二、今天我花了多少钱？（财富出口）

1. 我花的这笔钱都滋养了谁？还有谁？

_____

2. 我今天花钱时给金钱承载的三个能量是什么？

_____

3. 今天我花钱的三个正向程序是什么？

例：我能花就一定能赚！

　　赚钱就像呼吸一样简单！

（1）_____
（2）_____
（3）_____

4. 今天我花的这些钱为我带来了哪五个价值？

_____

_____

5. 我今天和金钱的互动遵循了什么法则？

_____

6．今天我想对金钱说的三句话是什么？

三、今天我收入了多少钱？（财富进口）（没有收到钱不写）

1．今天收到这笔钱我内心的感受都有什么？

2．收到这笔钱给我带来的三个价值是什么？给对方带来的是哪三个价值？

3．支持我收到这笔金钱的三个正向程序是什么？

4．我会用这笔钱去滋养谁？还有谁？还有谁？

财富丰盛第三阶段：创造财富丰盛

无论金钱是在自己的口袋里，还是在别人的口袋，心灵富足的人都一样高兴！

——彼尚

你能吸引多少钱

在生活中我们遇到的所有问题都是我们自己内在的能量吸引而来的，不管是好事还是坏事。

在我的能量课堂上，任何时候我会先调频，必须把学员的频道调到我们课程的频道，我们课程的频道就是觉察的频道。如果学员不在觉察的频道，那么无论我讲什么，无论我多么努力，多么的有能量，多么的爱学员，学员都收不到。因为差频了，不可能同频

如何财富丰盛
RUHE CAIFU FENGSHENG

共振。

当学员带着评判和挑剔的能量进行学习的时候，所有的能量全部都被阻隔在外边。

想要财富丰盛也是同样的法则，必须把自己调整到和财富同一个频道。要想幸福，我们要把自己调到幸福的频道，在幸福的频道里自然会享受到幸福。

事实上我们大多数人都和财富差频了，我们都和好运差频了，我们都和幸福差频了，我们都和健康差频了，我们都和奇迹差频了。

你就是一个发射台，每天放射出特殊的频率：你发射的频率会让你和宇宙中同频的能量形成共振，一个结果就此发生。

一个广播发射电台播放出一种特别的频率，任何对播出节目有兴趣的人，会调频到这个节目的波段频道。你是一个发射台，你散播出你生命的戏码，你把你的模式、情绪的能量、心态、抗拒、好恶以及更多的故事发送到空中，在空中会吸引同样的能量。

负面的能量特质，譬如沮丧、压抑、贪婪、不友善或是不体谅，散发出一种低频振动，如果我们的本性中有这些成分，我们将吸引有类似能量的人和财富来到我们的生命中。像是爱、友善、快乐、喜悦或是慷慨，发散出一种高频的能量，也会吸引有类似能量的人和财富。

宇宙的灵性法则是很精确的，宇宙意识提供我们镜子来往内看，看看我们四周，注意围绕在我们身边的人，他们在我们的人生戏码中扮演一个角色是有原因的，我们越强烈地否认我们吸引的某个特定的人或情境，我们内在的地球意识就越要求我们去看自己的

财富丰盛第三阶段：创造财富丰盛

阴影，这就是我们拒绝的负面部分。

我们有一个女学员，在婚姻中受过三次伤害，于是她每天都痛恨男人，在她的内在程序里，男人都不是好东西，这个程序会发出一个频率，会使她去吸引一些欺骗她的男人，当她疗愈了这个生命程序后，她就吸引了一个值得信任的伴侣。

财富的运作原理也是如此。

吸引力法则在许多层面上运作，如果你的生活失去和谐，你可能吸引到不适合你的食物。如果你有自我批评的念头，你是在轻轻地敲打自己，你可能吸引蚊子来咬你，这些蚊子是你送出去能量的反映。如果你有掩藏的愤怒，你可能会吸引来攻击。当然这些东西也许是无可避免的业力回报，是为了平衡生生世世的对与错。

内在能量吸引外在的物质世界，如果你的外在世界中有某件事不是你想要它呈现的样子，看看内在的世界，然后改变你对自己的感受，改变自己内在的程序，你将自动地吸引不同的人与财富来到你身边。

假如你想要一个有承诺的伴侣，看看你是如何承诺爱你自己的。当你真正地承诺去爱你自己的时候，外在世界将会随之改变，你将吸引一个人承诺来爱你。**假如你想要财富丰盛，金钱不断地来到自己的生命里，看看自己内在对钱是否信任，是否深深地爱着金钱。**因为你不爱金钱，金钱也不会爱你。反之亦然。

如果你看低自己，从来没有认为你是够好的，你将吸引一个虐待者对你做相同的事。如果你认为自己是值得的，配拥有的，那么你也会吸引到大量的贵人和金钱来到你的身边、你的口袋里。

各位朋友，我们的生命都是值得的，都是尊贵的……

财富丰盛训练日记（第 22 天）

一、今天我显化的三个财富成果是什么？

1. _____
2. _____
3. _____

二、今天我花了多少钱？（财富出口）

1. 我花的这笔钱都滋养了谁？还有谁？
   _____

2. 我今天花钱时给金钱承载的三个能量是什么？
   _____

3. 今天我花钱的三个正向程序是什么？

   例：我能花就一定能赚！

   　　赚钱就像呼吸一样简单！

   （1）_____
   （2）_____
   （3）_____

4. 今天我花的这些钱为我带来了哪五个价值？
   _____

   _____

5. 我今天和金钱的互动遵循了什么法则？
   _____

6．今天我想对金钱说的三句话是什么？

_____

_____

三、今天我收入了多少钱？（财富进口）（没有收到钱不写）

1．今天收到这笔钱我内心的感受都有什么？

_____

_____

2．收到这笔钱给我带来的三个价值是什么？给对方带来的是哪三个价值？

_____

_____

3．支持我收到这笔金钱的三个正向程序是什么？

_____

_____

4．我会用这笔钱去滋养谁？还有谁？还有谁？

_____

_____

世界上所有的金钱都是为生命服务的,都在为世界繁荣而流动着。

——张德芬

好感觉才是真财富

你有内在美好的感觉才能吸引到金钱。

别人对你的感觉好才会给你钱。

你的一切成就来自于自己美好的感觉。

你的一切成就来自于别人对你的感觉。

你每天带给别人的真实感受是什么,直接决定着别人会用什么样的方式和你相处,直接决定了他人是否愿意把他的钱给你。

财富丰盛第三阶段：创造财富丰盛

在我的课堂上我经常让学员练习一个游戏，那就是让每个人在课堂上选择三个他最喜欢的人，选出以后让这位学员再进行淘汰，最后剩下一名。很多学员感觉很没面子，因为我们很多人在现实生活中，自我感觉很良好，自以为员工会很喜欢自己，自以为亲人会很喜欢自己。其实生活中的每一个人心里都有一杆很公平的秤，每一个人都在用自己的秤衡量着……

如果你给别人的感受是固执、自私、自大、自以为是、虚伪、爱面子、强势、霸道、心胸狭隘，那就糟了。他人肯定不会把钱给你。如果是你遇到这样的人，你会不会和他打交道呢？我相信你不会，如果你会的话就物以类聚了。

同样，如果你给别人的体验感受是付出、宽容、理解、正直、善良、有胸怀、守承诺、能够为别人着想，这样的人你是否会和他们打交道呢？我相信你的答案是肯定的。

你的梦想不是靠自己来实现的，而是靠他人的支持。一个人的成功一定需要有人帮的，而你一定不会帮那些自私不知道感恩的人。在我的课堂上有很多50后、60后的学员，他们以前由于社会原因没有上过多少学，文化程度很低，但很奇怪他们很多都是亿万身价，为什么？后来经过和他们相处我有了很深的体验。他们的文化程度不高，但是他们懂得舍得，懂得大舍大得，小舍小得。他们能够宽容下属犯错并很有耐心地去帮助下属。

陕西有一家经营调味品的企业，这个老板做人很大气，每年他都要把他下属的父母亲接到西安或别的地方去旅游，每年都要给下属的父母送上重礼。下属从他身上感受到的是爱心，是安全感，自然都为之拼命。

如何财富丰盛

看到现在，或许你会很自以为是地说：你讲的这些大道理我几百年前都懂，没有任何新意。可是我要问的是：你做到了吗？你落地了吗？你把这些能量转化为成果了吗？老子讲过：以理透事，理透则事在其外。以事透理，事透则理在其中。意思就是我们很多人懂得的道理很多，怎样做人、怎样做事，讲起来滔滔不绝，很有一套。可惜的是事情并没有做出来，结果并没有做出来，这些人天天活在道理中。而以事透理就是我不需要知道那么多，我知道一点就踏踏实实地去做，事情做成之后，深刻的道理自然包含其中。

日本的保险推销之神原一平只有1.45米的个子，没有任何背景，为何能获此殊荣？其实原一平刚刚踏入保险业时屡屡失败，但是他屡败屡战，不气馁，很辛苦，很努力。但业绩依然很差，直到有一天他在公园里面睡觉，遇到一位和尚，于是原一平就上去推销，这位和尚很耐心地听他讲完之后说：小伙子你讲得很好，但是我感受不到你的真诚，一个人愿意不愿意买你的保险，不是取决于你的口才，而是取决于当下对你的体验，好好修炼自己吧，阿弥陀佛！

此时的原一平才突然觉悟，原来一切都来自于别人的体验感受，于是他做了一个决定：每个月邀请他的客户给他开一个批评会，让别人给他真实的反馈。他的真诚感动了客户，所以每一次客户都会给他提很多很中肯的意见。原一平收到一点就改变一点，就这样他成功了。

当我们感觉好的时候，我们内在的能量是通畅的，我们的内在是富足的，我们的内在是丰盛的，我们的内在瞬间充满拥有感，当

我们的内在是这些能量的时候,我们外在的世界就是丰盛的,就是拥有的。

　　人生就是活法不一样,若要如何,全凭自己。

财富丰盛训练日记（第 23 天）

一、今天我显化的三个财富成果是什么？

1. _____
2. _____
3. _____

二、今天我花了多少钱？（财富出口）

1. 我花的这笔钱都滋养了谁？还有谁？

   _____

2. 我今天花钱时给金钱承载的三个能量是什么？

   _____

3. 今天我花钱的三个正向程序是什么？

   例：我能花就一定能赚！

   　　赚钱就像呼吸一样简单！

   （1） _____
   （2） _____
   （3） _____

4. 今天我花的这些钱为我带来了哪五个价值？

   _____

   _____

5. 我今天和金钱的互动遵循了什么法则？

   _____

6. 今天我想对金钱说的三句话是什么?

三、今天我收入了多少钱?(财富进口)(没有收到钱不写)

1. 今天收到这笔钱我内心的感受都有什么?

2. 收到这笔钱给我带来的三个价值是什么?给对方带来的是哪三个价值?

3. 支持我收到这笔金钱的三个正向程序是什么?

4. 我会用这笔钱去滋养谁?还有谁?还有谁?

金钱是一种能量，它承载的是爱与喜悦。

——王中孚

用目标主宰你的生活

　　财富只会被喜悦、幸福、爱、感恩、宽容等正能量吸引，可是身不由己的情绪却往往主宰了我们的生命，我们让财富瞬间灰飞烟灭。

　　你体验过吗？因为情绪，你付出过多少代价呢？你的情绪经常推开了你的成果。一个人处理情绪的速度就是获得财富的速度……当我们有情绪的时候，传递的永远都是一种负能量，内在的负能量必然引发一个贫穷的外在世界。

情绪是什么？是我们内在生命程序的呈现。

永远记住我们要的是我们渴望的成果和目标，而不是情绪。 每时每刻都要有成果意识，我们到底想要的是什么？每一刻都要思考，因为每一刻你都会被你的情绪干扰。

当我们的情绪出现，我们内在的负面生命程序也会跟着启动，于是我们就开始陷入痛苦的业力轮回，情绪就是我们业力的反应。在我们前进的道路上有两种力量：

一种是愿力，就是我们强烈的渴望，企图心，非要不可的决心。这种力量会让我们前进，这种力量叫驱动力。这种力量我们也称为宇宙意识。而另外一种力量就是业力，就是无法控制的情绪，是我们累世的自动化习性反应，是我们内在顽固的生命程序。这种力量会拉着我们无法前进，我们称之为干扰力，也称之为地球意识。

想要财富丰盛就必须要全面启动我们内在的驱动力，更要彻底消除这种业力和干扰力的阻挠。

那么，如何有效消除呢？唯有让自己学会觉察、清理、反转。**用目标去主宰你的生活和生命，而不是被你的情绪和看法去掌控。** 我们每天都在很辛苦地经历生命，都在努力地实现梦想，可是因为我们固有的情绪业力的出现，却不知不觉会把我们的目标转移到情绪上，让我们不知不觉深陷其中，从而失去了我们本来的目标，失去了我们的初心。

我们每天可能都会遇到很多不如意的事情或者是达不到我们标准的事情。想想看，我们为什么会有情绪？一定是他人的语言或者能量侵犯了我们内在的价值观或者固有的世界观。他人肯定侵犯了

我们内在早就设定好的生命界限,我们内在都有一个心理界限。应该这样,不应该那样。在这个社会上,别人不可能每件事情都做到让我们称心如意,也不是每件事情都能尊重我们的生命界限。在这个社会上存在着太多的我们认为的不公平。很多时候我们不知道如何去面对,所以经常会出现困惑和瓶颈。

那怎么办?

我们需要锻炼自己强有力的觉察、清理和反转的能力。要提高自己的领导力,需要具备觉察、清理、反转的能力;要财富丰盛,必须具备觉察、清理、反转的能力;要轻松达到目标,需要具备觉察、清理、反转的能力;要想快乐地过每一天,需要具备觉察、清理、反转的能力;要想提升自己的沟通力,需要具备觉察、清理、反转的能力……

什么是觉察、清理、反转的能力呢?

美国科学家们曾做过一个实验:他们把一只小白鼠关到一只笼子里面,在笼子外面修了五个管道,在第三管道放上小白鼠喜欢吃的奶酪。然后把小白鼠饿上七天再放出来,你猜小白鼠会跑到哪一个管道找东西吃呢?肯定是第一个,然后第二个……

第二次同样把小白鼠饿上七天,小白鼠又是第一个,然后第二个……

直到第五次之后,经过本能训练的小白鼠就会直接跑到第三管道找它要的奶酪……

后来科学家把第三管道的奶酪拿走了,小白鼠饿了七天,放出来后由于前面的习惯,本能地跑到第三管道找奶酪,但是小白鼠突然发现奶酪不见了,你认为小白鼠这时会怎样?

财富丰盛第三阶段：创造财富丰盛

实验的结果是，小白鼠到处寻找，一直找到为止……

科学家分析了，小白鼠发现奶酪不见了会转换心态、转化能量，继续寻找，一直找到为止。那如果是我们人会怎么样呢？我们自己通常会站在原地指责抱怨，成为一个可怜的受害者。

让目标主宰你的生活，用梦想去主宰你的生命，拒绝用自己的情绪和看法。

所谓觉察、清理、反转的能力就是为了达到你当下的目标，当下那一刻你愿意转换自己的心态或看法。 你愿意转化自己当下的负能量，你转换心态和看法的目的是为了达到你的目标而不是别人的。转化能量是为了能够实现当下的财富丰盛。

各位朋友，想要财富丰盛，请随时随地问你自己：

1．我这一刻到底想要的是什么？

2．在我的生命中最重要的是什么？

3．我当初为什么开始？

4．我到底还要不要我的目标？

5．如果我要，我马上可以改变的是什么？

财富丰盛训练日记（第 24 天）

一、今天我显化的三个财富成果是什么？

1. _____
2. _____
3. _____

二、今天我花了多少钱？（财富出口）

1. 我花的这笔钱都滋养了谁？还有谁？

   _____

2. 我今天花钱时给金钱承载的三个能量是什么？

   _____

3. 今天我花钱的三个正向程序是什么？

   例：我能花就一定能赚！

   　　赚钱就像呼吸一样简单！

   （1）_____
   （2）_____
   （3）_____

4. 今天我花的这些钱为我带来了哪五个价值？

   _____
   _____

5. 我今天和金钱的互动遵循了什么法则？

   _____

6. 今天我想对金钱说的三句话是什么？

三、今天我收入了多少钱？（财富进口）（没有收到钱不写）

1. 今天收到这笔钱我内心的感受都有什么？

2. 收到这笔钱给我带来的三个价值是什么？给对方带来的是哪三个价值？

3. 支持我收到这笔金钱的三个正向程序是什么？

4. 我会用这笔钱去滋养谁？还有谁？还有谁？

财富不是别的，而是爱。

疗愈你和金钱的关系

你和金钱的关系怎么样？你的财富收入首先取决于你和金钱本身的关系。而我们和金钱的关系大多数是不好的。这源于我们根本没有意识到把金钱当成一种能量来对待。我们来到这个世界，对金钱的认知最初来自于父母，或者来自于父母关系中对金钱的认知。

当我们发现父母在金钱上没有富足感时，我们对自己可以拥有更多的金钱、过更加优越的生活，内心是充满焦虑和内疚的。如果我们的父母对金钱的意识是"赚钱是很难的"，这种生命程序会复

财富丰盛第三阶段：创造财富丰盛

制给我们，会令我们对金钱非常的焦虑不安。你是否也被父母叮嘱：不要乱花钱，要节俭。

很多人都会遇到这样的状况：小时候家境比较贫穷，父母都在紧衣缩食地过日子，在金钱方面，整个家庭都一直处于匮乏中。甚至到今天，自己已经独立自主地过上了比上不足比下有余的生活，但无论买任何东西回去孝敬父母时，父母的第一个反应一定是：这个多少钱？不要乱花钱，要节省啊。

在我给自己疗愈财富关系时，我发现我对金钱是羞愧的。这源自于小时候家里很穷，妈妈为了能够让我们上学，逼迫我到小镇上卖玉米，那一刻我感受到无比羞愧，感受到很丢人。那一刻我和金钱的关系其实已经断裂了，可是我却毫无察觉。所以在赚钱时我内在的羞愧感就会产生，这种程序就会启动。后来疗愈了我的这些内在能量，我和金钱的关系才开始和解。

小时候家里穷，父母每一次都要去外边借钱给我们交学费，每一次父母去借钱我的内心都会产生"赚钱很难"的生命程序，这种程序在深深地影响着我的财富丰盛。

任何价值观都会被遗传的，包括金钱观。我们很多人都遗传了父母对金钱的匮乏和恐惧。 很显然，当我们习得了父母关于金钱的匮乏感和恐惧，就会对金钱充满不安全感。而且当我们越恐惧、越担心，就越没有钱。

我在给一位学员疗愈金钱关系时，看到他对金钱是深深恐惧的，这种能量也来源于他小时候和金钱的一次互动。小时候家里穷，他经常偷家里的鸡蛋卖了之后买自己喜欢的零食。有一次过年，他在外地的大伯到他的家里去，拿了一叠崭新的五元钱放到他

家的抽屉里。他趁大伯不在的时候，就偷了两张。后来，他的大伯就告诉他的父亲少了两张钱。于是他的父亲就质问他：你偷钱了没有？迫于压力，他承认了，于是他遭到了父亲的一顿毒打。从那一刻起，他的潜意识里对金钱充满了深深的恐惧，当很多钱到手时，这种恐惧感就会产生反应，莫名其妙的钱就又溜走了。如果没有深入疗愈，我们根本不知道他的内在活在这种金钱轮回里。

金钱其实也是一种能量，它遵循着吸引定律的法则，被正面的信念、富足的感觉、快乐的情绪和无私的付出深深吸引着。 很多人都在用时间、体力和智力创造金钱，但这些创造的金钱是有限的。

如何疗愈和金钱的关系？

首先，你要去追溯自己对金钱第一次的认知，往往第一次的认知决定了你和金钱的关系。

其次，打开心和金钱意识对话。

再次，深深地和金钱意识进行和解。

最后，在你的内在世界里为金钱打造一个神圣的宫殿，让金钱意识进驻你的内在。

不断地对金钱说：对不起，请原谅，谢谢你，我爱你。

坚持带着爱与感恩的能量去和金钱互动，你的未来不是梦。

财富丰盛训练日记（第25天）

一、今天我显化的三个财富成果是什么？

1. _____
2. _____
3. _____

二、今天我花了多少钱？（财富出口）

1. 我花的这笔钱都滋养了谁？还有谁？

_____

2. 我今天花钱时给金钱承载的三个能量是什么？

_____

3. 今天我花钱的三个正向程序是什么？

例：我能花就一定能赚！

赚钱就像呼吸一样简单！

（1）_____
（2）_____
（3）_____

4. 今天我花的这些钱为我带来了哪五个价值？

_____

_____

5. 我今天和金钱的互动遵循了什么法则？

_____

6. 今天我想对金钱说的三句话是什么?

三、今天我收入了多少钱?(财富进口)(没有收到钱不写)

1. 今天收到这笔钱我内心的感受都有什么?

2. 收到这笔钱给我带来的三个价值是什么?给对方带来的是哪三个价值?

3. 支持我收到这笔金钱的三个正向程序是什么?

4. 我会用这笔钱去滋养谁?还有谁?还有谁?

财富丰盛第三阶段：创造财富丰盛

获取财富是一场灵性的游戏，带着轻松、玩乐的心尽情玩耍吧！

商业意识决定财富丰盛

一个拥有商业意识的人，不管从事什么行业、在任何情况下都会持续成功，因为财富就是商业意识。从古到今，从西方到中国，这个法则没有变化过。富人往往具有很强的商业意识，而穷人却根本没有商业意识。甚至会嘲笑、讽刺拥有商业意识的富人。"奸商"这个称呼，好像就是穷人给具有商业意识的人起的。

下面，把王永庆的成功故事分享给大家：

如何财富丰盛
RUHE CAIFU FENGSHENG

基于祖父"做茶农没有发展"的训话和在家乡连一个做苦力的工作都找不到的事实,王永庆十分珍惜到米店当小工这份来之不易的工作。虽说这并不是一份什么好职业,但他做起来却十分卖力,兢兢业业、全力以赴。他每天干活时,总是留意着老板的一举一动,暗中观察、了解老板是如何经营米店的。日子久了,就掌握了许多做生意的经验和窍门,这为他自己开米店,独自经营奠定了很好的基础。

不想当老板的打工者永远是别人赚钱的工具,也永远变不成真正的富人。也就是说没钱的人不能满足于当下所拥有的一切,而是应该朝着"如何让自己富有"的方向前进,只有让自己拥有商业意识,才会成为一个有钱人,成为一个富人。

王永庆拥有非常强烈的商业意识,在他贫穷的时候,他不安心于做好自己的本职工作,他希望自己能够学到更多、更好、更有用的东西,有更大的发展。这几乎是所有富人的共有特征之一。

永远不满足既得的一切是推动想成为富人的人向前的巨大力量,但仅有力量没有行动还远远不够,用心观察、用脑思考往往是行动的第一步,这尤其适用于最初阶段。拥有商业意识比什么都重要。

社会和生活是一本最实用的百科全书,如果你还是一个穷人,需要什么只要虚心向它请教,总会得到一个圆满的答案。在这个世界上没有哪一个人会一下子就能成为真正的富人,真正的富人都是由最初的小成就一点一点积累而成的,而小成就的得来很大程度上就是依赖于平日的观察和思考,然后去自我实践。

富人知道自己的精力是有限的,有很多事情都无法一一去亲自

财富丰盛第三阶段：创造财富丰盛

经历，但又有许多经验是他们急待需要的，这时候他们会去请教书本或是从他人身上寻找答案来满足需要。王永庆在这方面做得相当不错，他认真地观察老板怎样经营米店，然后再运用自己的思维，形成自己独特的经营理念，日后运用起来，收到了意想不到的效果。

在米店做了一年小工以后，也就是十六岁的时候，王永庆用父亲王长庚四处张罗借来的二百块钱做本钱，在嘉义开了一家米店，自己当起了老板，并把大弟王永成和二弟王永在叫来店里帮忙。

俗话说万事开头难。王永庆的米店开张亦是如此。米店的顾客是每个家庭，而一般的家庭由于每天都要吃米，经常购米已经有了固定的米店，新米店要拉拢顾客自然有很大的困难。为了确保米店的生意，王永庆没有办法，只得一家一家地去走访，以推销他店里的米，这样才好不容易争取到几个客户。

面对困境，王永庆陷入到沉思当中："如果我的米的品质与服务不比别人好的话，这几家好不容易争取来的试用客户说不定在试用后，又会回到原来的米店。这样一来，连原有的几个试用客户也保不住了，还怎样去争取其他的客户呢？"

最后王永庆决定在米的品质和服务上狠下功夫。在当时，农村还是相当落后，稻谷收割完之后，多是铺在马路上晒，然后再碾成米。这样米里会掺杂一些米糠、砂粒、小石头之类的东西。这在当时是一种相当普通而又普遍的现象，无论卖米的还是买米的人都习以为常了。但王永庆却认为这样的米质量不好，他把米里掺杂的米糠、砂粒、小石头等杂物一一挑拣干净，然后再卖给顾客。

花同样的钱，当然要买质量好的物品，这几乎是每一个购物者

的共同心理。王永庆抓住顾客的这一心理，为米店赢来了更多的客户。但随后王永庆又发现，只有顾客上门时，米才会卖出去，这样就显得相当被动。于是经过研究思考，他想出了一套变被动为主动的方法。

当有顾客上门买米时，王永庆便提出要求说要帮忙把米送到家。顾客当然会答应他的要求，米那么重，有人愿意帮忙送到家里，这正是求之不得的好事呢。

王永庆把米送到顾客家里，倒入米缸里放好后，便掏出一个小本子记下米缸的容量，并询问一些问题，诸如家里有几口人，几个大人，几个小孩，大人一顿吃几碗饭，小孩又吃几碗，一天的用米量大概是多少，等等。对于顾客来说这并不是一件难事，很快就告诉了他。王永庆记下这些以后，便许诺顾客以后不用自己去米店买米了，他会亲自送货上门的。而对这样方便的事，顾客自然是乐于接受的。

于是王永庆就根据这些统计出来的数据计算每位顾客每月的用米量以及送一次米可以食用的大约天数。在顾客的米快要吃完的前两三天，主动把米送到客户的家里去。这样既方便了顾客，同时更为米店留下了一批固定的顾客。

王永庆除了送货上门的服务外，还有一些额外的服务。比如在把米放进米缸之前，先将陈米取出，将米缸清洗一下，然后把新米放入，再把陈米放在上边。

米卖出以后，紧接着就是收钱的问题，什么日子去收钱合适呢？王永庆开始考虑这个问题。对于大多数工薪阶层来讲，最合适的时间莫过于发薪水的日子。于是王永庆便开始调查，然后把顾客

财富丰盛第三阶段：创造财富丰盛

分门别类，一一记住他们发薪水的日子，等顾客发了薪水以后，再去收款。

王永庆经营米店，在米质、服务以及收款等方面的创新大受顾客的欢迎。大家对王永庆的印象普遍比较好。于是一传十，十传百，米店的生意越做越好，由最初开业一天一包十二斗的米都卖不完，到一两年后，一天可卖出十几包米，营业额增长了好几倍。

台湾有句俗话说："粜米卖布，赚钱有数。"意思是说米与布的营业额很大，因此利润应该尽量压低。当时的一斗米有十二斤，卖给顾客是五角一分，而本钱是五角，也就是说一斗米只有一分钱的利润。利润太少，想赚钱就显得很难。因此，王永庆为了争取生意，做得格外勤劳和努力。

一天凌晨两点多钟，外面正下着大雨，嘉义火车站对面一家客栈的厨师来敲米店的门。因为半夜有旅客来住宿，等着吃饭，急需一斗米用。

卖一斗米才赚一分钱，而且还是在下着大雨的半夜里，不要说是现在，就是在当时的那个年代里，换一般的人，要么假装听不见有人敲门，要么听见了，也干脆告诉对方不卖了，谁能为一分钱受那份罪？可王永庆没有这么做，听到有人敲门要买米，他二话没说，从床上爬起来，背上米就给送去了。

从这一件小事上面，可以看出王永庆与众不同之处。他半夜冒雨送米，可以理解成是为了赚钱，还可以理解成是为了米店的声誉，但这其中更体现出了一种难能可贵的精神和超强的财富意识。

王永庆是我们学习的榜样，他活出了富人所有的生命特质，他也遵循了商业法则和金钱法则。成功也是必然的。

什么是商业意识？通俗讲就是你发现客户或者他人需求的能力。你发现了他人的需求，并且能够满足他人的需求，这就是商业意识，也是商业法则。整个世界的富豪都是如此成功的。

李嘉诚做到了！

王永庆做到了！

马云做到了！

乔布斯做到了！

你是否也能够做到？

财富丰盛训练日记（第 26 天）

一、今天我显化的三个财富成果是什么？

1. _____
2. _____
3. _____

二、今天我花了多少钱？（财富出口）

1. 我花的这笔钱都滋养了谁？还有谁？

   _____

2. 我今天花钱时给金钱承载的三个能量是什么？

   _____

3. 今天我花钱的三个正向程序是什么？

   例：我能花就一定能赚！
   　　赚钱就像呼吸一样简单！

   （1）_____
   （2）_____
   （3）_____

4. 今天我花的这些钱为我带来了哪五个价值？

   _____

   _____

5. 我今天和金钱的互动遵循了什么法则？

   _____

6. 今天我想对金钱说的三句话是什么？

三、今天我收入了多少钱？（财富进口）（没有收到钱不写）

1. 今天收到这笔钱我内心的感受都有什么？

2. 收到这笔钱给我带来的三个价值是什么？给对方带来的是哪三个价值？

3. 支持我收到这笔金钱的三个正向程序是什么？

4. 我会用这笔钱去滋养谁？还有谁？还有谁？

财富丰盛第三阶段：创造财富丰盛

你现在拥有的所有的财富都是有条件的，但当你觉醒，财富会变成无条件的！

钱越花越多的奥秘

在我们的集体意识里，有一种现象，就是富人喜欢花钱，而神奇的是富人的钱越花越多。这让穷人很不理解，因为大部分的穷人都不舍得花钱，总是拼命攒钱。我的父母一辈子也不舍得花钱，当然这和他们本身没钱是有关系的。当我长大以后，我花钱要比父母大方多了，我购买东西以品质为导向。每一次我大方地花钱都会受到父母的唠叨。可我发现这么多年我的金钱并没有因为我舍得花钱

而减少，反而越来越多。后来我才了悟到这其中的奥秘。

穷人不敢花钱，天天想着如何省钱，当穷人在省钱的时候，他给潜意识自然输入"我没有钱"或者"我的钱越花越少"的负面信念（也叫生命程度）。**富人花钱大方，他们在大方花钱的时候给潜意识输入"我是有钱的"或者"我的钱越花越多"。什么样的程序决定了什么样的结果。**程序不对，努力白费。一切都是潜意识在自动运作。

前面我们提到过，金钱承载着爱的能量。所以金钱来到你的生命里是为了爱你、滋养你。同样的，金钱离开你是为了去爱别人、滋养别人。你花掉的每一分钱都是对生命的尊重和滋养。金钱的实相是：它并不属于你也不属于我，我们都只是金钱意识的通道而已。

我们花出的每一分钱都带着浓浓的爱，既爱了自己，又爱了别人。当金钱被我们花出去的时候才能彰显它的价值，谁能够彰显金钱的价值，金钱就会流向谁。你运用的金钱越多，金钱发挥的价值就越大。

很多人会觉得我花了就失去了，我一花钱就失去了钱。不，你其实是拥有了这些符号们代表的真正价值。你花出去的金钱为他人和自己都创造了巨大的价值，所以只有创造价值的金钱才会很快地回流。所以反过来讲，你也要意识到你花钱花在哪里？花钱增加了恐惧还是增加了爱？很多人花钱是用来增加恐惧的，或者是用来赎买内疚的，赎买恐惧感的。当你花钱是去赎买恐惧感的时候，这个钱是不会给你带来快乐的，或者会给你带来更多的匮乏。

比如说，你觉得自己不够年轻、不够漂亮就去烫头发，花了大

财富丰盛第三阶段：创造财富丰盛

概800块钱烫了一个非常漂亮的头。你烫一个满头小卷，你觉得很好。但是过两天有人说，你这个发型好是好，但是显老。然后，你怎么办？你会发现瞬间你这800块钱失色，你恨不得当天下午就去把它拉直。拉成直板又花掉800块钱，里外你花了1600块，但这个钱和没花是一样的。为什么？**当你基于恐惧而去花钱的时候，你会发现无论你扔进去多少钱，恐惧感还在，你还是什么都没得到，还是竹篮子打水一场空。**为什么？当你在恐惧中的时候，你的潜意识在说：我没有爱。而我之前讲过金钱的本质是爱的能量，当你的潜意识在说"我没有爱"的时候，钱当然流走，远离你，而且它不会给你带来半点价值感。这就是微妙之处。

随着你不停地敲开管道，随着你把每一根管道拓宽，每一根管道里可以流过的水流量变得更多之后，管道变得更多，量也变得更多。但请记得我说的：你要让这些钱给你带来祝福和更多的喜悦是因为你本身就基于爱与喜悦而去花钱。

当你花钱的时候，想想自己是基于什么能量去花钱，是基于爱？还是基于恐惧？这个很重要，给金钱承载什么样的能量，就会产生不同的效果。

当你花钱的时候，多关注带给他人的价值，就是给金钱承载无比喜悦的能量。

基于爱去花钱，你的钱就会越花越多……

财富丰盛训练日记（第27天）

一、今天我显化的三个财富成果是什么？

1. _____
2. _____
3. _____

二、今天我花了多少钱？（财富出口）

1. 我花的这笔钱都滋养了谁？还有谁？
   _____

2. 我今天花钱时给金钱承载的三个能量是什么？
   _____

3. 今天我花钱的三个正向程序是什么？

   例：我能花就一定能赚！

   　　赚钱就像呼吸一样简单！

   （1）_____
   （2）_____
   （3）_____

4. 今天我花的这些钱为我带来了哪五个价值？
   _____
   _____

5. 我今天和金钱的互动遵循了什么法则？
   _____

6．今天我想对金钱说的三句话是什么？
_____
_____

三、今天我收入了多少钱？（财富进口）（没有收到钱不写）

1．今天收到这笔钱我内心的感受都有什么？
_____
_____

2．收到这笔钱给我带来的三个价值是什么？给对方带来的是哪三个价值？
_____
_____

3．支持我收到这笔金钱的三个正向程序是什么？
_____
_____

4．我会用这笔钱去滋养谁？还有谁？还有谁？
_____
_____

你可以给予他人最好的礼物之一，是你的关注和爱。

和父母的关系决定金钱多少

与父母的关系是一切之本。

和父母的关系更决定你金钱的多少。

在所有关系当中，最重要的就是与父母的关系。**无论父母是否健在，无论是不是与父母同住都不重要，与父母的关系决定了我们与其他人的关系。**如果你不是由亲生父母抚养长大，那这里所谓的父母是指在你心中的地位等同于父母的人，可能是你的姑姑、阿姨、养父母、兄弟姐妹、老师等抚养你长大或代理父母职位的人。

财富丰盛第三阶段：创造财富丰盛

你与父母的关系极为重要。如果跟父母之间有任何不满，以后的人生就会一直带着这份不满。如果跟父母的关系良好，就会把相同的赞赏与感谢带入成人后的每一段关系里，因为生命中大部分的人际关系都是孩提时代与父母关系的复制。

比如说，你憎恨父亲的权威、武断，长大成人后，你会渐渐吸引那些权威的、掌控的，或是会将恐惧加诸你身上的人。另外还有一种可能，就是你会成为你所憎恨的，或是显化你所憎恨的，就如同你会成为你所爱的、显化你所爱的。如果你很爱父亲，你可能会像他，但如果你因为某些原因讨厌或害怕父亲，你也可能会变成跟他一样的人。

父母并不是活在你之外，而是在你里面。即使你的身体已和他们分离，即使你已经长大成人，他们仍活在你的内在。有人可能会说："我已经长大成人了，父母跟我的关系对我早就没有影响了。也许我小时候曾经受过伤害，但那是很久以前的事了，伤痛早已不在。我了解父母亲身经历的，也了解他们不该为此负责。"这是典型的大人会说的话。但我们内在都有一个小孩，受伤、受惊吓、感到失望的并不是大人，而是那个内在小孩。这个小孩可能会突然产生非常愚蠢又原始的嫉妒与愤怒，而你会讶异自己的内在竟有这类情绪。关系中的伤痛会使你与较低意识结盟，而较低意识具有破坏性，会让你进入自我破坏的行为模式。但如果这些关系获得疗愈，譬如你与母亲的关系已经疗愈了，你会发现自己很容易就可以与所有女人连结，也许是你的妻子或女儿，因为这些关系都活在你的内在。

以前我在无知的状态下和父母的关系并不好。当然我以为很

好，其实我们很多人和父母的内在关系都不是很好。我们长大以后因为被集体意识教育，被伦理道德约束，所以必须要孝敬父母。我们都在努力地维护着一种和父母表面式的关系。其实我们大部分人的内在和父母的关系都是断裂的，而这种断裂的关系我们并没有觉知。因为这种内在断裂的关系，让我们的财富关系也备受影响。

父亲代表着力量和创造财富，而母亲代表着爱与留守财富。 如果你的内在和父亲关系不好，你会在赚钱上感觉非常辛苦，会缺乏力量；如果你的内在和母亲的关系不好，你就会感受到存钱非常辛苦，总是会感受到金钱很紧张。也就是说父母亲是我们财富的根——和父母的关系就是大树和根的关系。所以要想财富丰盛，就必须从内在疗愈和父母的关系。

什么是从内在疗愈和父母的关系呢？

我从小生活在农村，家里非常贫穷。我的父亲是一个瘦小、懦弱、没有太大本事的男人，这是我小时候对父亲的内在认知。我的母亲是一个强势、霸道、掌控、计较的女人，这是我从小对母亲的内在认知。我的这种固有认知其实一直在阻隔我和父母的关系。母亲从小对我的打骂，使我的内在得出的结论是：母亲不爱我、母亲不在乎我。这种程序已经深深地嵌入了我的潜意识。当我从小受欺负的时候，没有得到父亲的保护，我的内在已经被嵌入了一个这样的程序：我是没有力量的，我是孤独的，我只能靠自己。

虽然，长大后我明白了父母的苦衷，也理解了父母的不容易和身不由己。但是我内在对母亲却是恨的，我非常恨我的母亲，我非常抗拒和看不起我的父亲。如果不是深度疗愈自己，我看不清这些真相。这种内在的程序都是6岁之前和父母互动时就被嵌入进去

财富丰盛第三阶段：创造财富丰盛

的，正是这些程序阻隔了我和父母的内在连接。得不到父亲的力量，得不到母亲的爱。因为没有这些力量的流动，我的财富自然不好，经常感受到赚钱很难，金钱很紧张。

后来我开始在内在深度疗愈和父母的关系，打通我和父母亲内在的堵塞。清理负能量，从另一个角度开始认知我的父母亲。母亲经常打我，那是母亲爱我的方式，这种方式至少母亲认为是对的。因为母亲并没有接受过怎样正确教育孩子的培训，而我内心渴望的爱的方式和母亲的完全不同，因为不同所以才会产生错误的认知。这就是爱的差频。父亲没有保护到我，不等于他不爱我，而是在父亲的世界里已经尽力了……

当我开始理解爱的差频时，我开始疗愈我从小到大对父母亲的错误认知。带着感恩的心，我开始建立新的程序系统。母亲的另一面是善良、坚强、勇敢、感恩……父亲的另一面是付出、谦卑、勤奋……父母亲一直都在用他们美丽的人格和我相处，只不过我受地球意识的影响，去到了抱怨、受害的频道。

如果一个孩子经历重大的事件，比如父母闹离婚，孩子在惊恐中，不知道如何面对未来，非常没有安全感，也不知如何面对这种恐惧。或者爷爷给孩子零花钱，孩子买零食回来吃，被妈妈发现了，以为孩子偷了父母的钱，不分青红皂白，把孩子揍一顿，还骂孩子是"小偷"，孩子内在产生了委屈、愤怒、悲伤、不被理解等诸多没有经验完的情绪。或者父母一方突然去世，或者离开家庭，这种"分离"的伤痛，孩子无法面对……当处在很强烈的情绪中，又没有充分地经历那个情绪，在情绪中，内在又做了个决定："爸爸不要我和妈妈了，爸爸不负责任，他根本不爱我！""妈妈冤枉

我,妈妈不信任我!解释也没用!""因为我不乖,不听妈妈的话,所以妈妈不爱我"……**当"负荷"和"决定"打包在一起,就形成了"生命程序",进入我们的"潜意识"里。**在我们的潜意识里,有很多这样的"病毒生命程序",就像"黑色星期五"计算机病毒,一碰到每个月13号,同时是星期五,那个病毒程序就自动启动,让电脑彻底"瘫痪"!当孩子带着这些"病毒程序"长大结婚后,会吸引和自己有对应负荷的伴侣。比如:害怕掌控的人,就会吸引一个喜欢掌控的伴侣,伴侣一碰你的按钮,就自动死机!伴侣关系,就像两个"机器人",互相按对方的"按钮"!

所以,我在做疗愈个案时会引导学员回溯过往的伤痛事件,再一次去经历那个"痛"!好好地再哭一场。之前压抑的愤怒,没有表达出来的,好好地骂一通!就是要再次"完整"地经验那个情绪,把那些无明的"种子"释放掉,同时看清楚,自己都做了怎样的决定?当内心决定"爸爸妈妈根本不爱我,我还是要靠自己,这个世界没有人值得相信",以后无论父母如何爱你,对你好,你都感受不到了,因为那个决定封闭了内在的感受,和父母的连接已经断裂了!当父亲外遇,离开家庭,如果孩子内在做了决定"天下的男人没有一个靠得住;就算我如此信任的父亲,都会背叛妈妈,抛弃我们;这个世界就没有真正的爱情"。以后即使碰到一个真心爱自己的人,都无法感受到对方的爱,因为那个信念"这个世界没有真正的爱情"会障碍自己,会让自己的心彻底关闭,无法感受到爱!为什么关闭自己的心?因为太痛了,不想再次经历那个痛!

当我们不断地清理了过去的负能量,重新建立对父母亲新的认

财富丰盛第三阶段：创造财富丰盛

知时，我们的财富能量也开始发生了变化，赚钱开始感受到愉悦和轻松，金钱来到我们的身边开始变得轻而易举。

各位朋友，此刻开始疗愈对父母亲内在的负面看法吧，和解你与父母之间的能量。改变自己对父母形成的旧的程序，用一个新的感恩的眼睛重新定义和父母的关系，你的财富将开始不同……亲子关系被导正后，一切都会就位，经济、健康等种种问题都将被解决。

那么，如何才能疗愈自己和父母亲的关系呢？

有个年轻人在和一位灵修大师见面时说："从我小时候开始，我的父母就一直争吵不休。他们彼此不相爱，我在家里从来没有感受过平静和喜悦，我所有平静的记忆都是与朋友在一起的时候。我该怎样对待我的父母呢？"大师告诉他："疗愈你自己的方式就是去爱他们。要爱你的父母，仿佛你是他们的父母，仿佛他们是你很小的孩子。将他们视为小孩，哄他们、爱他们。"大师告诉年轻人，他的父母也有可能发现对彼此的爱。而有件事是确定的：内在的伤痛将被疗愈。疗愈会发生在你接受爱或给予爱时，如果你曾经深深受过伤害，这是你唯一可以做的。

大师说：**改善与父母的关系最简单的方法之一，就是开始去体验他们。**就像你到了海边，看着海浪、感觉微风吹拂，这时你会如何去感受呢？或是想象你正在品尝一道美味佳肴，你又会如何体验呢？同样的，如果你的父亲正在咆哮，就把他当作狮子吼般的享受；若你的母亲正在做一件你不喜欢的事，就将之转换成一个美好的事物。

你必须开始去体验这些事情，去经历那些对你而言可能很痛苦

的时刻。你必须开始去体验……这个练习并不困难，我看过许多人只花了一个月就办到了。重点不是改变他人，而是"你"改变了。

这就是我们必须练习的方式。抱怨父母是没有用的，你必须致力于疗愈自己。你无法改变他人，你能做的就是改变自己。最奇妙的是，你若改变了，只须再等待一段时间，他人就会自动改变。

对于你与父母的关系，你唯一要做的就是疗愈自己，因为你没有接纳自己，也没有爱自己。而当你疗愈自己时，就会开始体验你的父母，你会接纳他们，爱他们真实的样子。而不是你希望他们成为的模样，一切都会改善。在所有的关系中，他人并不重要，你必须改变自己的态度、感觉与对他人的看法。你只要在心中改变自己对他人的看法，并以这个方式改善你们之间的关系就可以了。

朋友们，看到这里，探索一下，你和父母的关系如何？

财富丰盛第三阶段：创造财富丰盛

财富丰盛训练日记（第28天）

一、今天我显化的三个财富成果是什么？

1. _____

2. _____

3. _____

二、今天我花了多少钱？（财富出口）

1. 我花的这笔钱都滋养了谁？还有谁？

_____

2. 我今天花钱时给金钱承载的三个能量是什么？

_____

3. 今天我花钱的三个正向程序是什么？

例：我能花就一定能赚！

　　赚钱就像呼吸一样简单！

（1）_____

（2）_____

（3）_____

4. 今天我花的这些钱为我带来了哪五个价值？

_____

_____

5. 我今天和金钱的互动遵循了什么法则？

_____

6. 今天我想对金钱说的三句话是什么?

三、今天我收入了多少钱?(财富进口)(没有收到钱不写)

1. 今天收到这笔钱我内心的感受都有什么?

2. 收到这笔钱给我带来的三个价值是什么?给对方带来的是哪三个价值?

3. 支持我收到这笔金钱的三个正向程序是什么?

4. 我会用这笔钱去滋养谁?还有谁?还有谁?

财富丰盛第三阶段：创造财富丰盛

痛苦不是别人造成的，而是你自己！

你爱自己，钱就爱你

你爱自己，钱就爱你！

你接纳自己，钱就爱你！

你尊重自己，钱就会爱你！

可是，爱自己好像并不容易。

大多数人都犯过错误，有的伤害了父母，有的伤害了孩子，有的伤害了自己的亲密爱人，有的伤害了自己的朋友，有的伤害了自己……大多数人也无数次被他人伤害过，或者被欺骗过。**无论是我**

们伤害了他人,还是被他人伤害,这些都会在我们的内在留下严重的负荷(负面记忆)。这些负荷严重地侵蚀了我们内在的能量,让属于我们的财富不能够驻足在我们的身边。

当我们留下负荷之后,我们的头脑为了让自己能够心安理得地生活,把这些伤害合理化,把那一刻留下的负荷深深地埋藏在内心深处的地毯下。这样就形成了一种负能量,而这种负能量随时会被他人启动和唤醒。

被启动和唤醒是痛苦的,为了逃避痛苦,有人会通过喝酒、吸烟或者吸毒、赌博等极端的方式来麻痹自己,有的甚至选择了自杀。所以,疗愈自己内在的负荷非常重要,疗愈自己是爱自己的第一步。

疗愈自己的第一个关键:从接纳现在的自己开始!

有句非常经典的教导:"你抗拒什么,就持续什么。"还有一句是:"成长从你现在所在的位置开始。"对自己诚实,非常重要!当你对自己真实时,你和你的内在最亲近!比如你和父母的关系不太好,自己静下心来,感受自己目前的状况,如果是0-10分,你可以打几分?0分代表和父母的关系很融洽亲密,10分代表和父母的关系很冷漠。比如小时候父亲很暴力,经常打你,对妈妈也不好,你不仅感受不到父爱,而且心里很憎恨他,即使他已经离开人世,你还是无法宽恕他。0-10分,你感觉自己有8分无法宽恕,就对自己说:"尽管我有8分无法宽恕我爸爸,我依然深爱并接纳我自己。"因为,无法宽恕,心中对父亲有憎恨,就是此刻的状态。疗愈从接纳此刻的状态开始!接纳自己对父亲是有恨的,因为小时候受过伤害,那个伤痛还在!承认自己恨父亲,并不表示你不

爱他！很多时候，是爱恨交织的，不是吗？但是如果你不愿意承认那个"恨"，真正的发自内心的"爱"也出不来！

所以，先从承认自己内在有"恨"开始！

如果你曾经做过伤害别人的事情，或者应该做的没去做，内心很自责，无法宽恕自己，也是一样！感受下：0－10分，你有几分无法宽恕自己？如果有6分无法宽恕，就对自己说："尽管我有6分无法宽恕自己，我依然深爱并接纳我自己。"重复说几遍，感受下，当你说的时候，内在是否有放松的感觉？还有感情的背叛、分离，都是很痛苦的！那个你很爱的人，移情别恋，你非常愤怒，无法宽恕对方，也对自己感觉不好，觉得是因为自己不够好，比不过别人，所以才会失去爱人。疗愈就要分两个方面：对于对方的背叛，你有几分无法宽恕？对于自己，你有几分自我否定？当看到你无法宽恕，看到你在自我否定，那个痛苦已经在减弱了！

很多时候，我们完全"淹没"在"痛苦"里，失去觉知！看到你现在所在的位置，这本身就会帮助你从痛苦中"抽离"出来，因为"觉知"是"无意识"的杀手！我们在痛苦里出不来，因为我们是"无意识"地处在痛苦中。当你开始"觉知"你的痛苦，就像一道光，照进黑暗中。你会发现，其实"痛苦"没有你想象的那么大！

疗愈的第二个关键：如实经历过往的伤痛，宽恕彼此。

当你清晰自己现在所在的位置，并且愿意为改变自己的生命做出努力。接下来，**疗愈的关键就是要重新回到过往伤痛的事件中，重新经历那个"痛"**！因为过往的"伤痛"在，那些"负荷"在，所以心里很想放下，很想宽恕，但是就是做不到！当充分经历释放

那个伤痛,"宽恕"就会自动发生!为何要再次经历?因为那个伤痛没有充分被体验完!那个体验还是"逗号",所以头脑会不断重播没有完成的事情,即使事情过去了十几年,你还会不断去想那个事。当体验划上"句号",你的心里才彻底放下这件事,这个人。记忆还在,但是不再困扰你,负荷没有了。这就是疗愈。

比如,小孩子在路上跑,突然摔了一大跤,很疼,于是放声大哭,其实哭的过程,就在释放身体里的疼痛,那是自然发生的"自我疗愈",身体有这个本能,我们天生就有自我疗愈的能力。但是,爸爸妈妈会担心孩子哭坏了,或者在公共场合担心孩子的哭声会影响别人,或者父母很讨厌孩子哭,所以,通常父母会打断孩子的疗愈过程:"宝贝,别哭了,妈妈给你买糖果吃!过来,这个玩具很好玩!"如果孩子一直哭,父母不耐烦,可能会恐吓孩子,甚至打孩子:"别哭了,烦死了!妈妈不喜欢爱哭的孩子!没出息,就会哭!再哭,妈妈不要你了!我怎么生了你这么个爱哭的孩子!"本来,如果允许孩子哭完,那个伤痛的能量释放完,等一会儿,孩子又活蹦乱跳地继续玩了,就不会有任何"负荷"残留在身体里。但是,由于父母不允许,疗愈被打断,孩子本来正在哭,听到妈妈说"再哭就不要你了"。因为恐惧失去妈妈的爱,害怕妈妈不喜欢,突然就止住了哭声,但是,那个伤痛的情绪还没有释放完,"负荷"就残留在身体里了!

"负荷"是沉重的,会成为"负担",疗愈就是要重新打开那个"伤疤",把里面的脓血清理出来,消毒、缝合,才能彻底愈合。否则,别人一碰那个伤疤,就疼,而且你会责怪别人,是别人的错,才让自己觉得疼!别忘了,其实那个"伤疤"早就存在,

那是"旧伤"。成长过程的"旧伤"一直在，没去疗愈，等结婚后，在"旧伤"的基础上，再产生很多"新伤"，如果没去疗愈，结果就会是"伤痕累累"！

很多人活在痛苦中，因为"新伤""旧伤"混杂在一起，像滚雪球一样。但是，奇怪的是，大家普遍承受痛苦的能力是超级强的。所以，"痛苦"是"觉醒"的钥匙。"受苦"越深的人，"觉醒"得越快！"觉醒"就是从受苦中彻底地解脱出来！

当如实经历过往的伤痛，那些"负荷"就像灵修大师说的那样"木板燃烧，成为烟消失了，痛苦消失了，剩下的是喜悦，宽恕是自动发生的"。

宽恕包括两个方面：宽恕别人带给自己的伤痛，请求别人宽恕自己带给别人的伤痛，同时要宽恕自己。当彼此完全宽恕，那个"心结"就打开了，放下是自然发生的。

如果无法完全宽恕，一定不要勉强自己，要对自己诚实！看看0-10分，还剩下几分不能宽恕？可以宽恕的是什么？不能宽恕的是什么？如果无法完全宽恕，一定还有一些负荷没有释放完，所以要继续重新经历，看清楚整个事情的真相。我们通常只愿意看到自己是"受害者"的一面，不愿意看到自己是"加害者"的一面！把手指向对方是容易的，不用为自己负起责任。但是愿意为自己负起责任，需要更大的勇气！当你愿意为自己的所作所为承担责任时，你会变得更加有力量！很多受苦的人，觉得自己有很无力的感觉，如果想要拿回更多的力量，就要为自己的生命负起全部的责任。

因为这个世界没有任何人可以改变你，只有你可以！

接纳自己才是爱自己的开始!

把自己过去的负能量全部释放,在内在给自己的金钱打造一个纯洁的宫殿。让金钱进驻,和金钱合一。

爱自己的时刻,金钱也会爱上你!

财富丰盛训练日记（第29天）

一、今天我显化的三个财富成果是什么？

1. _____

2. _____

3. _____

二、今天我花了多少钱？（财富出口）

1. 我花的这笔钱都滋养了谁？还有谁？
_____

2. 我今天花钱时给金钱承载的三个能量是什么？
_____

3. 今天我花钱的三个正向程序是什么？

例：我能花就一定能赚！

赚钱就像呼吸一样简单！

（1）_____

（2）_____

（3）_____

4. 今天我花的这些钱为我带来了哪五个价值？
_____
_____

5. 我今天和金钱的互动遵循了什么法则？
_____

6. 今天我想对金钱说的三句话是什么?

三、今天我收入了多少钱?(财富进口)(没有收到钱不写)

1. 今天收到这笔钱我内心的感受都有什么?

2. 收到这笔钱给我带来的三个价值是什么?给对方带来的是哪三个价值?

3. 支持我收到这笔金钱的三个正向程序是什么?

4. 我会用这笔钱去滋养谁?还有谁?还有谁?

财富丰盛第三阶段：创造财富丰盛

在关系中，问题不在于你与对方，而在于你自己。

家和万事就会兴

金钱的属性是爱，所以金钱喜欢待在有爱的地方，爱的能量高，自然会吸引很多金钱。俗话说：家和万事兴。可是我们现实中的很多家庭每天都充满了争吵。在亲密关系中，都在互相挑剔和要求着对方；都在互相从对方身上索取着爱与安全感。夫妻双方大多数不是在互相滋养，而是在互相摧毁，互相限制。男人一生想要的是尊严，女人一生想要的是安全感。如果在亲密关系中，互相没有满足对方的需求，这段关系就会充满了愤怒、受害、无奈……

家庭中的负能量是如何产生的？

首先是彼此活在对对方的期望中。

期望是一种负面的能量，在亲密关系中，如果你把快乐附加在他的行为之上，你就把力量给了他，并没有为自己的快乐负责。

你觉得你为他而改变了，可是你有一个隐藏的动机就是——"我改了，所以你也应该改。"他不是不了解，他还不改是因为你希望他改，你期望他用你喜欢的方式爱你。期望是一种负面的能量，它只会带来失望。你被囚禁在这个能量中，不但自己不快乐，金钱也不快乐。金钱也会受苦，在这个家里得不到尊重。

对任何事情有期望都会让你受苦。**关系的两大杀手，头号就是期望，"期望"是说：如果得不到，我就会失望、伤心、难过。大多数婚姻在期望中迷失**。在我的课堂上有太多的女学员家庭不幸福。一切的根源都是老公无法满足女人的期望，而真相是任何老公永远都无法满足女人的期望，因为女人永远都是通过要求男人更加的卓越来获取安全感的，这是女人的天性。而男人是否卓越的标准，其实是女人心中理想的完美的标准，而女人的这种理想的完美标准在这个世界上没有一个男人完全具备。这也是夫妻双方受苦的源头。

其次是双方都活在应该和评判当中。

"应该和评判"只能让我们去到地狱。你应该怎么样？双方都在用彼此的标准去要求和衡量对方，一旦对方没有达到自己的标准，矛盾也就产生了。其实，亲密关系是非常功利的，男人和女人生存的标准，的确建立在一些基础的"生存模式"的需求上。说白了，如果你对我的生活没有一点实质上的帮助，又让我自我感觉

财富丰盛第三阶段：创造财富丰盛

不良好，我为什么要跟你在一起呢？

第三个矛盾的源头就是男女错位。

男人自古以来代表着阳性能量，而女人代表着阴性能量，在一个家族和一个家庭中，男人必须承担起自己的责任，比如赚钱养家、保护家庭是男人的天职，而传宗接代是女人的天职。可是现在有很多女汉子在家庭里夺取了男人的位置，行使了男人的天职。这种能量序位一旦错乱，金钱意识将不会停留在家里。一个家庭中女人越温柔，家里的财富越丰盛，因为女人代表家里的财富。

第四个原因是爱的差频。

男女双方都希望对方用自己喜欢的方式爱自己，而大多数人都做不到，因为每个人的生命程序不一样。因为集体意识的牵引，我们内在爱的能量都极度贫乏，夫妻双方都是为了寻求爱才走在一起。每个人渴望对方爱的方式不可能一样，有的人渴望爱人用理解来爱自己，有的人渴望爱人用关心、在乎来爱自己，有的人渴望爱人用鲜花来爱自己，有的人渴望爱人用物质来爱自己，有的人渴望爱人用礼物来爱自己，有的人渴望爱人用拥抱来爱自己，还有的人渴望爱人用甜言蜜语来爱自己。

彼此都活在这种渴望当中，所以彼此都很累，而这种关系模式多数都是复制自己父母亲的关系模式。

该如何疗愈这种亲密的伴侣关系呢？

首先要疗愈自己和父母的关系。因为和父亲的关系决定了和丈夫的关系，和母亲的关系决定了和妻子的关系。如果自己在内心深处能够接纳宽恕父母亲，那么这种亲密关系就已经疗愈大部分了。

其次是和爱人一起成长、一起经历生命，而不是改变对方。彼

此对自己的角色负责任,尊重对方的角色。这就是最好的疗愈。

当在一个家庭中男人活出了阳性的能量,女人活出了温柔似水的能量,那么这个家庭的财富就开始丰盛了……

财富丰盛第三阶段：创造财富丰盛

财富丰盛训练日记（第30天）

一、今天我显化的三个财富成果是什么？

1. _____
2. _____
3. _____

二、今天我花了多少钱？（财富出口）

1. 我花的这笔钱都滋养了谁？还有谁？
   _____

2. 我今天花钱时给金钱承载的三个能量是什么？
   _____

3. 今天我花钱的三个正向程序是什么？

   例：我能花就一定能赚！
   　　赚钱就像呼吸一样简单！

   （1）_____
   （2）_____
   （3）_____

4. 今天我花的这些钱为我带来了哪五个价值？
   _____
   _____

5. 我今天和金钱的互动遵循了什么法则？
   _____

6．今天我想对金钱说的三句话是什么？

三、今天我收入了多少钱？（财富进口）（没有收到钱不写）

1．今天收到这笔钱我内心的感受都有什么？

2．收到这笔钱给我带来的三个价值是什么？给对方带来的是哪三个价值？

3．支持我收到这笔金钱的三个正向程序是什么？

4．我会用这笔钱去滋养谁？还有谁？还有谁？

财富丰盛第三阶段：创造财富丰盛

觉醒者从心出发，未觉醒者从头脑出发。

向贫穷的思想开战

这个世界上根本就没有穷人，只有贫穷的思想。我个人认为穷人和富人的区别根本就不是金钱多少的区别，而在于思想心态的不同。一个拥有富足思想的穷人只要自己努力，会很快获得金钱上的富足，而一个思想贫穷的百亿万富豪，他的金钱也会因为他的内在匮乏和贫穷的思想而慢慢消耗殆尽。

我从事导师行业多年，在课堂上、在生活中我自己本着行善积德的理念，尽量去帮助那些掏不起学费的学员，可是帮到最后让我

自己伤痕累累，我的义举并没有真正拯救到这些学员，他们中的大多数都处于忘恩负义、非常负面的生命状态中。是我错了吗？我把自己关起来探索这些问题的真相：确实是我错了。佛说：佛渡有缘人。以前对这句话的理解只是表面，对缘的理解不够，佛讲的"缘"其实是指懂得感恩的人、思想富足的人、诚信的人……一个不感恩、不诚信的生命是无法救赎的。唯一能够救赎他的就是他自己。

穷人和富人的区别不在金钱的多少，而在思想和心理状态。

穷人的15个生命特征：

1. 不感恩，把他人的付出当成是应该的。

2. 习惯于向他人索取，索取不到就记恨别人，没有自知之明。

3. 凡事斤斤计较，总是计较自己的得失，从来不去想他人的得失。

4. 花钱小气，总是想着如何省钱而不是如何赚钱。

5. 忘恩负义，别人帮他99次不感恩，而只有1次没有帮他便记恨在心。

6. 不愿意承担责任，没有担当和勇气。

7. 自尊心极强，极其固执，没有大局观，习惯于拖后腿。

8. 习惯于指责抱怨，内心嫉妒，因为他人的一句话而耿耿于怀。

9. 缺乏慈悲心，喜欢看他人笑话，喜欢传递小道消息。不尊重穷人。

10. 嫉妒比自己过得好的人，没有祝福。贪心，永远都不满足。

11．任何时候喜欢夺取他人的能量，以征服他人为荣。不考虑别人的感受。

12．内在非常虚荣，总是喜欢炫耀吹牛，用外在的东西装饰自己。总是背叛自己的内心。

13．购买东西以便宜为导向，喜欢把对方搞得没有利润可赚。

14．喜欢把自己当成受害者。

15．喜欢把功劳都归结到自己身上，自己是最厉害的。

富人的15个生命特征：

1．凡事感恩，把一切的获得当成宇宙的恩赐。

2．内在富足，花钱大方，总是抢着买单。

3．喜欢付出累积善业，处处为对方加持能量。

4．内心豁达不计较，拥有大局观。

5．喜欢乐于助人，为他人和场域叠加能量。

6．凡事积极正向，习惯向内觉察。

7．买东西和做事情以价值和品质为导向。

8．习惯于满足和珍惜当下的拥有。

9．内心充满正义和善念，爱护、尊重万事万物。

10．做人做事内在拥有立场和原则，不会为了利益而背叛自己的心。追随自己的心做事情。

11．习惯于主动负责任，主动担当，做事坦荡活在自己的价值观当中。

12．尊重穷人和外在的物质世界，善解人意。

13．凡事能够从对方的角度着想，考虑别人的感受。

14．拥有自知之明，知道什么该做什么不该做。

15. 尊重真相，不会轻易相信小人的谣言与挑拨。

各位朋友们，千万不要和拥有穷人思想的人谈恋爱，千万不要和拥有穷人思想的人做生意、千万不要和拥有穷人思想的人做朋友、千万不要和拥有穷人思想的人合作、千万不要去帮助拥有穷人思想的人，否则你会被穷人的能量传染，进入穷人的生命磁场，陷入穷人的轮回。**如果你符合穷人的生命特征，拥有穷人的思想，那么我邀请你学会切断所有的轮回，让自己去到富人的世界；**如果你本身就是富人的思想，恭喜你，彻底切断身边穷人的负能量是你马上要做的。从今天起我坚决切断所有穷人的贫乏思想，从我自己开始，从我的家族开始，从我的团队开始。

实际上只有消灭了贫穷的思想，只有重新装上富足的系统，才能真正富足和富有，否则将会生生世世活在穷人的世界里。

系统不换，努力白费！

财富丰盛第三阶段：创造财富丰盛

财富丰盛训练日记（第 31 天）

一、今天我显化的三个财富成果是什么？

1. _____
2. _____
3. _____

二、今天我花了多少钱？（财富出口）

1. 我花的这笔钱都滋养了谁？还有谁？

_____

2. 我今天花钱时给金钱承载的三个能量是什么？

_____

3. 今天我花钱的三个正向程序是什么？

例：我能花就一定能赚！

　　赚钱就像呼吸一样简单！

（1）_____

（2）_____

（3）_____

4. 今天我花的这些钱为我带来了哪五个价值？

_____

_____

5. 我今天和金钱的互动遵循了什么法则？

_____

6．今天我想对金钱说的三句话是什么？

三、今天我收入了多少钱？（财富进口）（没有收到钱不写）

1．今天收到这笔钱我内心的感受都有什么？

2．收到这笔钱给我带来的三个价值是什么？给对方带来的是哪三个价值？

3．支持我收到这笔金钱的三个正向程序是什么？

4．我会用这笔钱去滋养谁？还有谁？还有谁？

财富丰盛第四阶段：
遵循法则　财富觉醒

金钱法则1：奇迹法则

我们现在生活在一个高意识、高灵性的时代，地球的整个能量等级都在不断地扬升，当我们的意识提升时，有愈来愈多的人接触到宇宙意识，因此会有更多的人经历到奇迹。在我的课堂上学员会体验到很多不可思议的奇迹，关于财富的、健康的、家庭关系的。每一次课程都是学员排队分享奇迹，因为我把学员带到了一个奇迹的频道。在我的能量课堂上，我会把学员的内在频道调整到宇宙意识的频道里。在宇宙意识的频道里，奇迹发生是一种常态。当自己完全活在宇宙意识的频道，我们想要的奇迹就会自动发生。

当你的振动频率提高时，你会吸引更多的灵性帮助，因此奇

迹、同步性与巧合是从宇宙来的信号，表示你是走在你真正的道路上。

奇迹是你走在真正人生道路上的信号。

奇迹充满了力量，让你知道自己并不孤单。当你愿意连接宇宙意识，做出努力时，宇宙意识就像是一个充满力量的朋友，随时准备帮助你。在奇迹中，我们与宇宙意识是共同创造者。

世上真的有奇迹吗？在世俗的观念里，很多人并不相信奇迹。听到"奇迹"一词，许多人都充满怀疑、不相信，那我们每天在生活中又期待些什么呢？其实每个人都希望奇迹发生，内在却又不相信。

其实在奇迹中，我们看见充满智慧、爱与感恩的能量在创造奇迹；在奇迹中，我们与宇宙意识是共同创造者。我们祈祷、在自己身上下工夫，同时允许宇宙意识帮助我们，我们活在一个奇迹的频道，拥有力量与宇宙能量一起创造。奇迹充满了力量，我们知道自己并不孤单。当我们愿意与宇宙能量合作、付出努力时，宇宙能量就像一个充满力量的朋友，随时准备帮助我们。

人们不相信奇迹，通常是基于以下几个因素：

迷思一：奇迹的发生违反自然法则。

曾经有一位圣者说，奇迹并不违反自然法则，只是依循我们无法觉察的更高法则。而这种更高法则是一种更高的能量运作，这种更高的能量运作会支持我们进入到一个更高的次元空间。在一个更高的次元空间，没有业力的干扰，我们想要的一切都会自动发生。

迷思二：相信奇迹是迷信。

正好相反。伟大的科学家，如爱因斯坦与牛顿都是宇宙能量的

虔诚信仰者。据说当牛顿被问到是什么让行星维持在轨道上运行时，他答道："是天使在推动行星运转。"科学与灵性并不是敌对的，事实上，科学特质似乎赞同灵性。现在越来越多的科学揭示出这个宇宙中有无数个灵性空间。

迷思三：奇迹使人懒惰。

有一位伟大的圣者说：奇迹不会发生在懒惰的人身上。如果你有能力搬运一百千克的担子，就去搬；但如果你要搬运的远超过你的能力范围，也许是一百四十千克，那么在你使尽全力后，就呼求宇宙能量的帮忙，宇宙能量会为你展现奇迹，为你搬运其余的部分。**只有在我们用尽全力后，宇宙能量才会展现奇迹。因为奇迹只会发生在认真努力的人身上。**

我们传统文化讲的"尽人事，听天命"就是这个意思。

为什么奇迹只会发生在少数人身上，而不是发生在每个人身上呢？有三个原因：

1. 不知道如何祈祷。
2. 未与宇宙意识建立内在的连接。
3. 在各种关系中缺乏爱的能量。

现在检视一下自己缺乏三个因素中的哪一个？祈祷你的生命从"幸与不幸"转变为"恩典与奇迹"。**学习直接与宇宙意识面对面，亲自体验宇宙能量，不再只是信仰，而是真实地体验。**让较高意识在日常生活中随时帮助你，使"奇迹"成为稀松平常的日常生活事件。

下面我分享一个在国外进修时听到的奇迹，这个奇迹发生在一个美国同修约翰身上：

财富丰盛第四阶段：遵循法则 财富觉醒

八年前，我的右肩动了一个大手术。由于早年的运动伤害和遗传的关系，我锁骨下方有个骨刺，长期影响到我肩膀内部的组织。手术中，医生把骨刺磨平，重整骨刺伤及的肩膀内侧组织。手术很顺利，但之后的复原过程可不容易，我从没有体验过那样的疼痛。

术后除了令我难以忍受的疼痛外，我还对有麻醉效果的止痛剂过敏，只能使用效果不强的传统止痛剂。说真的，那实在不太管用。复原的过程漫长且痛苦，有一整个月的时间我都必须使用吊腕带。在忍受了六个月痛苦的物理治疗后，又经过了一年，我把右手举到头顶上方时才不会感觉到疼痛。多年来我一直知道，最终我仍得在左肩做相同的手术。就在今年，以往右肩的不适感也出现在了左肩。即使我只是把手抬起来放在他人头上给予合一祝福，左肩都痛得令人难以承受。我很不情愿地去找医生，排定了手术时间。

手术前一周，我请附近地区的合一祝福给予者给我意图的合一祝福，让我有个成功的手术，并且迅速复原。许多人在那边给了我意图的合一祝福，有些人则在我动手术时给我意图的合一祝福。手术过程中，医生同意让我播放各种不同版本的根本真言。手术仍然很成功，跟我上次动右肩手术时差不多。

这次医生植入了一条导管，以注入非麻醉型的药剂，在前三十六小时后会慢慢导入止痛剂。当天下午大约四点，医院通知我可以回家了，大约晚上七点半（也就是手术后六个小时），我就身处每周四例行的合一祝福之夜里。我再次请大家给我祝福，包括让我快速康复。那一整晚，我的身体都处在深沉的放松之中，而随着合一祝福的进行，我的肩膀也感到越来越温暖。

那天晚上我竟然可以入睡。到了午夜，我被一个声音唤醒：

"站起来!"在我还来不及理解发生什么事之前,我发现自己已经站着了。那个声音又说:"把手抬起来!"我再次不由自主地照做,把两手伸直,举到头顶两侧。我马上了解到,这就是几周来我一直祈求的奇迹。我的双肩高举在头顶,没有任何疼痛感,而这不过是手术后十二小时的事。我非常兴奋,便把妻子叫醒,跟她分享这个奇迹。我们两个人都哭了,紧紧相拥在一起,并且深深地感谢。

我的复原状况持续惊人地进步着(今天已经是手术后第十六天),偶尔有些小疼痛与不舒服,但不是剧痛,我的物理治疗师根本无法相信。

在我的现实世界里,奇迹已经成为了我生命的常态,奇迹每天都伴随着我经历生命。为什么植物会整齐排列成不同的图案?是谁在背后操纵?种子?基因?又是谁决定了基因生发如此神奇的排列?如果你有悟性,你就能触摸到万物的源头。

宇宙通过各种事物来展示对我们的爱,感受到了,就能够得到宇宙的帮助,随时、随地、随物创造奇迹。在此和大家分享一篇《奇迹祈祷文》,每天认真念几遍,把"奇迹"念进潜意识里,可以帮助你让奇迹发生,落实。

奇迹祈祷文

我行走在奇迹中

奇迹无所不在

奇迹在我里面

奇迹在我的里里外外

奇迹在我的前后左右

财富丰盛第四阶段：遵循法则 财富觉醒

奇迹在我的四方上下

奇迹无所不在

我行走在光与祝福中

光与祝福无所不在

光与祝福在我里面

光与祝福在我的里里外外

光与祝福在我的前后左右

光与祝福在我的四方上下

光与祝福无所不在

我行走在金钱意识中

金钱意识无所不在

金钱意识在我里面

金钱意识在我的里里外外

金钱意识在我的前后左右

金钱意识在我的四方上下

金钱意识无所不在

我行走在爱与感恩中

爱与感恩无所不在

爱与感恩在我里面

爱与感恩在我的里里外外

爱与感恩在我的前后左右

爱与感恩在我的四方上下

爱与感恩无所不在

人生的伟大与丰盛富足，不是你做了什么，而是你内心连接到

了什么。连接到宇宙意识就连接到金钱意识；连接到金钱意识，关于金钱的奇迹就会不断地发生在我们的世界里。进对了空间，进对了频道，一切都是顺其自然。

财富丰盛第四阶段：遵循法则 财富觉醒

财富丰盛训练日记（第32天）

一、今天我显化的三个财富成果是什么？

1. _____
2. _____
3. _____

二、今天我花了多少钱？（财富出口）

1. 我花的这笔钱都滋养了谁？还有谁？

   _____

2. 我今天花钱时给金钱承载的三个能量是什么？

   _____

3. 今天我花钱的三个正向程序是什么？

   例：我能花就一定能赚！

   　　赚钱就像呼吸一样简单！

   （1）_____
   （2）_____
   （3）_____

4. 今天我花的这些钱为我带来了哪五个价值？

   _____
   _____

5. 我今天和金钱的互动遵循了什么法则？

   _____

6．今天我想对金钱说的三句话是什么？

三、今天我收入了多少钱？（财富进口）（没有收到钱不写）

1．今天收到这笔钱我内心的感受都有什么？

2．收到这笔钱给我带来的三个价值是什么？给对方带来的是哪三个价值？

3．支持我收到这笔金钱的三个正向程序是什么？

4．我会用这笔钱去滋养谁？还有谁？还有谁？

财富丰盛第四阶段：遵循法则 财富觉醒

金钱法则2：喜悦法则

  金钱意识会被喜悦的振频吸引，当你喜悦的时候，代表你的内在是丰盛的，幸福的，满足的。因为金钱意识的本质也是喜悦，每天哭丧着脸，每天带着负面情绪，每天让自己活在受害者的世界里，活在低振频的世界里，你的金钱不可能丰盛富足。而每天我们都在赚钱和花钱的频道里和金钱意识互动，带着什么能量赚钱和花钱，其实就是和金钱互动的秘密。

  这个宇宙足够的丰盛，足够的慷慨，你想要什么都能给你，宇宙足够的大方。可是你敢不敢要呢？你有钱又会干什么？

  要想让我们的内在丰盛富足起来，我们必须建立强大的花钱和

赚钱的正向生命程序：

一、所有我花掉的钱富裕了社会并且一定会加倍回到我身上

我们创造金钱的同时我们也在花掉它。我们购买产品、服务、食物和一切带给我们喜悦的东西。我们越是付出我们的钱，我们越有贡献于社会的财富。付出金钱让我们感觉越好，我们的金钱会变得越有磁力。在我们付账单的时候，一定用一种慷慨的好心情来做。每一次我们付账单，都是在加速金钱流动循环，我们是在让社会更加富裕和丰盛。

想像有许多股流动从宇宙来到我们身上，每一股提供了一种金钱迎向我们的方式。每一次我们有怀疑，每一次我们怨恨付账，每一次我们不相信繁荣，就关闭了一股流动。每次我们喜悦地充满爱地送出钱，我们是为宇宙打开送钱给你的另一种方式。下次你付账时，想像至少有十倍你付的钱会再回到你身上。把你的钱看成是：贡献给那些收你钱的个人或组织的繁荣。

带着对他人贡献的心，带着对金钱敬畏的心去花钱，自然就活在了金钱的属性里，就活在了金钱本身的使命里，花钱就是我们在行使金钱意识伟大的使命，在完成金钱意识的使命，我们的金钱怎么可能不丰盛呢？

二、赚钱的过程就是一场为社会创造价值的旅程

喜悦是增加我们财富丰盛的重要能量。当我们在创造金钱时，我们自己已经通过我们的努力和能力为他人、为这个世界创造了价值。金钱只不过是付出价值的显化。在我们身上显化的金钱越多，代表我们为这个社会创造了更多的社会价值。所以我们值得拥有更多的金钱，我们值得被金钱滋养。而我们为社会创造价值的这个过

财富丰盛第四阶段：遵循法则 财富觉醒

程必须是喜悦的，带着痛苦的能量创造，自然会给别人和社会带来负担，这会违背我们的价值法则，任何价值一定要是喜悦的。在实际生活中，我们创造财富的过程都是痛苦的，我们讨厌加班，我们抗拒评判，我们不能接纳不完美，我们恐惧失败，我们恐惧不认同……所有这些负面能量都会通过空间传递给我们的客户，当客户感受到痛苦的时候，也就阻隔了我们的财富丰盛。

如果我们花了钱，或者赚了钱却没有喜悦或者爱与感恩的能量，出于被迫的感觉，那么我们就彻底违背了金钱的法则，我们就不能享受金钱的滋养与赏识，那么我们创造金钱的过程就会非常地艰难。这也是大多数人财富不丰盛的秘密。

所以我们必须建立花钱和赚钱的信念，让自己变成金钱意识的管道，经由管道去服务众生，这才是金钱的本质和意义。**带着觉察，带着贡献的心，带着丰盛的心，带着喜悦的心去花钱，我们就给自己的金钱意识增加了非常高的振动频率，承载着高频率的金钱花出去必然会帮我们吸引到更多高能量的金钱……**

每天让自己喜悦起来，用内在的喜悦丰盛创造一个外在富足的世界。

财富丰盛训练日记（第33天）

一、今天我显化的三个财富成果是什么？

1. _____
2. _____
3. _____

二、今天我花了多少钱？（财富出口）

1. 我花的这笔钱都滋养了谁？还有谁？
_____

2. 我今天花钱时给金钱承载的三个能量是什么？
_____

3. 今天我花钱的三个正向程序是什么？

例：我能花就一定能赚！

　　赚钱就像呼吸一样简单！

（1）_____
（2）_____
（3）_____

4. 今天我花的这些钱为我带来了哪五个价值？
_____
_____

5. 我今天和金钱的互动遵循了什么法则？
_____

6．今天我想对金钱说的三句话是什么？

三、今天我收入了多少钱？（财富进口）（没有收到钱不写）

1．今天收到这笔钱我内心的感受都有什么？

2．收到这笔钱给我带来的三个价值是什么？给对方带来的是哪三个价值？

3．支持我收到这笔金钱的三个正向程序是什么？

4．我会用这笔钱去滋养谁？还有谁？还有谁？

金钱法则3：丰盛法则

丰盛意指与爱、喜悦、快乐、繁荣、成功、活力、欢笑、慷慨以及生命中所有美好的一切流动。当我们与生命中的更高品质一起流动时，我们的生命就变得越来越丰盛。真正的成功，是一种满足与实现感。当你拥有丰盛的意识时，物质的丰盛便会流向你。

我在我的"财富丰盛"课堂上，经常问学员一个问题：假如这个宇宙足够的丰盛、足够的感慨，你最想要的是什么？

我们都希望拥有更多的金钱和财富，让我们可以随心所欲地满足所有的需求，贡献社会。可即使我的意图再强烈，宇宙仍然没有满足我？

财富丰盛第四阶段：遵循法则 财富觉醒

第一，你要很清楚，非常清楚，为什么你想要钱？真正的动机是什么？

你需要的金钱是为了满足你的个人需求，还是为了帮助别人？是为了完成你的梦想与使命？还是想贡献社会？你必须对此非常清楚。我们很多人天天喊着要钱，可是要钱干什么？假如宇宙让我们的财富非常丰盛，可以让我们不需要为自己的生存发愁，那么，多余的金钱用来干什么呢？这是一个很重要的问题。很多人拥有了很多的金钱之后，却用来吸毒、赌博，或者挥霍。这是违反金钱法则的。世界上真正的富人都在利用自己的金钱为社会作贡献。我们每个人的金钱均来自于这个社会，所以一定要带着贡献的心去服务这个社会。这才符合金钱法则。

第二，你必须培养自己的丰盛意识。也就是说，你必须意识到自己已经拥有了很多。

例如，如果你是一个乞丐，你必须意识到你拥有乞讨碗，将你的乞讨碗看作是你的资产。把你拥有的一切都必须被看作是资产：父母、妻子、丈夫、孩子、工作、房子、家具……一切都必须被有意识地视为一种资产。不将焦点放在你所没有的，而是将焦点放在你所拥有的。不断地把焦点放在自己已经拥有的资产上，你的内在就会变得越来越富足，内在的富足自然就会吸引外在世界的丰盛成果。

第三，你必须不断带着觉察去检视你的生活。

你必须学习以正面的方式来看待一切负面的事物。**在所有负面的事物中看到正向、积极的一面。如果你能做到这一点，那么得到财富的意图或愿望就可以很轻易地得到实现。**凡事都训练自己站在

宇宙意识的频道和角度去理解和看待事物。站在宇宙意识的频道去看待世界，那么世界就会变得非常完美。

赚钱的机会无处不在，但问题在于你没有看到它。如果你可以改变观点，拥有丰盛意识，以正面的方式和观点看待所有的事物，并非常清楚你为什么想要金钱，你就会看到机会，它们就会到来。

我们都想拥有金钱。金钱本身并没有好坏。满足欲望也是通向自我觉醒的道路。但当欲望满足的时候，就会发现，这并不是自己真正想要的，那喜乐与爱依然不存在。这时候，新的追求就会开始，这个追求将您引向宇宙的怀抱。

第四，你要明白，金钱其实是我们修行的载体，创造金钱的过程本身就是一场灵性的觉醒旅程。

人类在创造财富时要经历四个阶段：获取财富阶段、享受财富阶段、贡献财富阶段、财富觉醒阶段。

无论是谁，都要经历这四个阶段。我们必须通过培养自己的成果意识、金钱意识和商业意识获取自己生命中的财富。当我们不担忧生活了，就会想要快乐，享受生活的富足。你可以尽情地享受财富带给你的滋养。你可以买豪车、豪宅，吃你喜欢的食物，去你想去的地方。享受了生活之后，你自然就想要用金钱为他人和社会作出贡献。而在利他的服务与无我的贡献中，慢慢地就会走向觉醒。追求财富的过程就是生命觉醒的旅程。

我曾经认为生活中的一切都是我自己努力得来的，机会是我争取来的，工作是我拼来的，钱是我赚来的。现在我知道，钱其实并不是我赚来的。那么钱是从哪里来的？——**钱是恩典显化来的。就如同生活中的其他，都是恩典所赐予的。**

财富丰盛第四阶段：遵循法则 财富觉醒

富有和贫穷是缘起于念头的不同。当我们意识提升的时候，丰盛与富足就会显化，就会进入宇宙丰足无限共振中。人和人、行业与行业根本不存在竞争，唯有共同创造、独特展现。

当我们和自己的较高意识融合的时候，意识就得到扩展，观念开始变化，外在的世界也开始慢慢地显化丰盛富足。

无论从事任何行业，成功繁荣的秘诀在于：关心人们的需要、思索如何让人们的生活更好！这个世界共存共荣、无限供给、无限协调。每天早晨，感谢并祝福自己的店生意兴隆、通达四海，接着转身祝福其他同业友店和自己的店一样生意兴隆、财源滚滚。店内经常保持干净整齐、温暖有爱、充满活力又有热情；服务人员有着幸福愉悦的笑容，用欢喜明朗的心情，迎接每一位来店的顾客；他们是我们的衣食父母，感谢他们的来店惠顾！店里自然凝聚繁荣富裕的能量，形成绝佳的磁场，财源自然滚滚而来！

丰盛富足的秘诀，就是不断地对身边的人、事、物加以祝福和感谢！当我们准备开始从事一项宏大的计划、事业或转换新工作之前，首先在心中对着过去的公司、老板和同事表示感谢，并祝福他们不断成长、繁荣和发展。接着开始为自己的事业或工作祈祷；深切感受并感谢这是全能的大宇宙所计划安排的事业或工作；只要认真脚踏实地去做，一定会繁荣！一定会成功！一定会圆满！

帮助更多人实现财富丰盛，我们一直在路上！

财富丰盛训练日记（第34天）

一、今天我显化的三个财富成果是什么？

1. _____
2. _____
3. _____

二、今天我花了多少钱？（财富出口）

1. 我花的这笔钱都滋养了谁？还有谁？

_____

2. 我今天花钱时给金钱承载的三个能量是什么？

_____

3. 今天我花钱的三个正向程序是什么？

例：我能花就一定能赚！

赚钱就像呼吸一样简单！

（1）_____
（2）_____
（3）_____

4. 今天我花的这些钱为我带来了哪五个价值？

_____

5. 我今天和金钱的互动遵循了什么法则？

_____

6．今天我想对金钱说的三句话是什么？

三、今天我收入了多少钱？（财富进口）（没有收到钱不写）

1．今天收到这笔钱我内心的感受都有什么？

2．收到这笔钱给我带来的三个价值是什么？给对方带来的是哪三个价值？

3．支持我收到这笔金钱的三个正向程序是什么？

4．我会用这笔钱去滋养谁？还有谁？还有谁？

金钱法则4：感恩法则

感恩是一切好运的开始。感恩从感激开始。

感激是指你从内心深处流露出的感谢，当你这么做时，你内在感恩的能量从你的心中流出，也会启动从其他人与宇宙那里来的感恩能量回应。这些感恩的能量与金钱的能量同频同振，就会吸引到金钱。如果你只是讲一些感激的表面应酬话，或感觉你是不得不去感谢，你的话语与内心并不相同，那也不会吸引到金钱。

当你是全然感谢一个人曾做的某件事时，这个人感觉到感谢的能量，而他会想要给你更多。**衷心的感激是财富丰盛的秘诀，它是开启宇宙伟大的源头。**发自内心地感激金钱为我们带来的富裕生

财富丰盛第四阶段：遵循法则 财富觉醒

活,是我们每天都要进行的功课。

评判与批评则是感恩、感激的敌人,会把我们带入地狱。它们是感激与欣赏的反面,如果有人对你做了十件恶劣的事,你很有可能会去批评与评判那个人,你觉得很生气,你身体很紧张,头很痛,那就是地狱。当有人帮助我们做了99件好事,也就是我们得到了他人99次帮助,结果有一次他人没有帮助我们或者不小心伤害了我们,那么我们就会去评判和批评曾经帮我们99次的恩人。这就是我们人类的劣根性,也是人性的弱点,这也是地球意识的显化。

有位圣者说：我们都被生命程序所控制着。发生在我们生活中的一切：我们的财务状况、夫妻关系、疾病、成功、失败等等,这些都是我们内在生命程序的显化,而这些生命程序都是被地球意识、家族意识和父母亲的意识及集体意识种植的。

受孕的时刻、分娩的时刻、在子宫内发生的事情,以及出生后的前六小时是非常关键的,然后是出生后前六年。这些程序的形成完全控制着你的整个生命状态。程序有正面和负面两个方面。**我们每天要么在启动自己的正面程序,要么在启动负面程序。当我们的负面程序被启动的时候,我们就会活在地球意识的纠缠里,在地球意识的频道里,我们不可能有喜悦和财富丰盛。**

关于感恩,我在每一篇文章里都有提及和分享,在这里我只想分享一个我在网络上看到的令我感动的故事：

十年前一个穷苦大学生郝武德为了付学费,挨家挨户地推销货品。

到了晚上,发现自己的肚子很饿,而口袋里只剩下一点小钱。

如何财富丰盛
RUHE CAIFU FENGSHENG

他在大街上犹豫徘徊了半天，终于鼓起勇气，敲响了一户人家的门，准备讨点饭吃。然而当一位年轻貌美的性感女孩打开门时，他却失去了勇气。他没敢讨饭，却只要求一杯水喝。女孩看出来他饥饿的样子，于是给他端出一大杯鲜奶来。

他不慌不忙地将它喝下，然后问道：我应付您多少钱？而女孩的答复却是：你不欠我一分钱，母亲告诉我们，不要为善事要求回报。

他怀着感恩的心，向女孩深深地鞠了一躬，真诚地说道：那么我只有由衷地谢谢您了！

当郝武德离开时，不但觉得自己全身充满活力，而且对人生的信心也增强了。他本来已经陷入绝望，准备放弃一切的。

十年后，有个女人病情危急。当地医生都已束手无策。家人将她送进大都市，请专家来检查她罕见的疾病。他们请主任医师郝武德博士亲自来诊断。

当他听说，病人是自己的家乡某某城的人时，他的眼中充满了奇特的光芒。他立刻走向病房。当他来到病人的床前时，一眼就认出了她。

他决心尽最大的努力来挽救她的生命。从那天起，他特别观察她的病情，查阅了所有的文献，并发帖向全世界同行咨询。经过不懈的努力，终于让她起死回生，战胜了病魔。

最后，出院的账单送到郝武德手中，请他签字。郝医生看了账单一眼，然后在账单边缘上写了几个字，将账单转送到她的病房里。

她不敢打开账单，因为她确定，她可能需要一辈子才能还清这财富丰盛第四阶段：遵循法则 财富觉醒

笔医药费。当她打开账单看到账单边缘上的一行字：一杯鲜奶已付清全部的医药费！签署人：郝武德医生。

她的眼中顿时盈满了泪水，她心中感动地祈祷着：上帝啊！感谢您，感谢您的慈爱，藉由众人的心和手，在不断地传播着您的爱。

善有善报，恶有恶报。

看完这个故事，我相信你的内心也无法平静吧？检视一下自己平日的言行，多少次让自己活在感恩的频道？又有多少次活在抱怨、评判的频道？**生活中，你若想被爱，就要先去爱人；你期望被人关心，就要先去关心别人；你要想别人对你好，就要先对别人好**。这是一个保证有效的秘方，可以适用于任何情况。

凡是你对别人所做的，就是对自己所做的，所以，凡是你希望自己得到的，你必须先让别人得到。很多时候，我们去帮助别人，并不就是意味着自己会失去。而正是由于帮助了其他人，因此会得到友谊和朋友。

记住别人对自己的帮助，学会帮助他人。生活中总有一些事、一些人感动着我们，有时候我们虽然不知道他们是谁，但是无价的爱心给予我们永存的光明。他们像微尘一样用自己的能力去帮助他人，温暖世界。

我们时刻呼吸空气，我们需要占有空气吗？

我们天天要喝水，我们需要占有水吗？

我们每天享受阳光，我们需要占有太阳吗？

我们使用金钱，我们需要占有金钱吗？……

《圣经》里的马太效应告诉我们：凡有的，只要感恩，还要加

给他，让他有余。凡没有的，不感恩，连他所有的，也要夺去。

所有一切，都是不能被占有的，唯有珍惜和感恩。

当你内在充满感恩时，你生命程序中所有正面的能量就会被启动，而负面的能量则会被关闭。另一方面，如果你不感恩，那正面的能量就会被关闭，负面的能量就会被启动。所以改变生命程序最简单的方式之一，就是培养自己内在的感恩能量。

一旦你的内在充满感恩，你就会看到你的生活开始改变。

财富丰盛第四阶段：遵循法则 财富觉醒

财富丰盛训练日记（第35天）

一、今天我显化的三个财富成果是什么？

1. _____
2. _____
3. _____

二、今天我花了多少钱？（财富出口）

1. 我花的这笔钱都滋养了谁？还有谁？
_____

2. 我今天花钱时给金钱承载的三个能量是什么？
_____

3. 今天我花钱的三个正向程序是什么？

例：我能花就一定能赚！
　　赚钱就像呼吸一样简单！

（1）_____
（2）_____
（3）_____

4. 今天我花的这些钱为我带来了哪五个价值？
_____
_____

5. 我今天和金钱的互动遵循了什么法则？
_____

6. 今天我想对金钱说的三句话是什么？

三、今天我收入了多少钱？（财富进口）（没有收到钱不写）

1. 今天收到这笔钱我内心的感受都有什么？

2. 收到这笔钱给我带来的三个价值是什么？给对方带来的是哪三个价值？

3. 支持我收到这笔金钱的三个正向程序是什么？

4. 我会用这笔钱去滋养谁？还有谁？还有谁？

财富丰盛第四阶段：遵循法则 财富觉醒

金钱法则5：能量法则

你的财富多少取决于你的承载力，你的承载力就是能量等级。中国《易经》里讲："德不配位，必有决祸"。其实就是这个意思。

科学早已揭示出，宇宙间万物的本质是能量。宇宙中的一切都靠能量的转变而运作。爱因斯坦的质能方程式说明：物质的本质就是能量。

物理学家已经证明，我们这个世界上所有的物质都是由微观旋转的粒子组成的。这些粒子有着不同的振动频率，是粒子的振动使我们的世界表现出目前丰富多彩的样子，我们的人生和各种生命也是如此。科学家已经测量过人在不同的体格和精神状态下身体和意

识的振动频率，结果让人大开眼界。

美国著名科学家大卫·霍金斯博士与诺贝尔物理学奖获得者合作，运用人体运动学的基本原理，结合使用精密的物理学仪器，经过近三十年长期的临床实验，累积了几千人次和几百万笔数据资料，经过精密的统计分析之后，发现人类各种不同的意识层次都有其相对应的能量振动频率和物理学指数。

科学的有效性有赖于数据测试的可重复性。对于意识能量层级的测试数据，霍金斯博士发现：结果无一例外，全都是一致的，而且是可重复的。

人类意识的能级分布图如下：

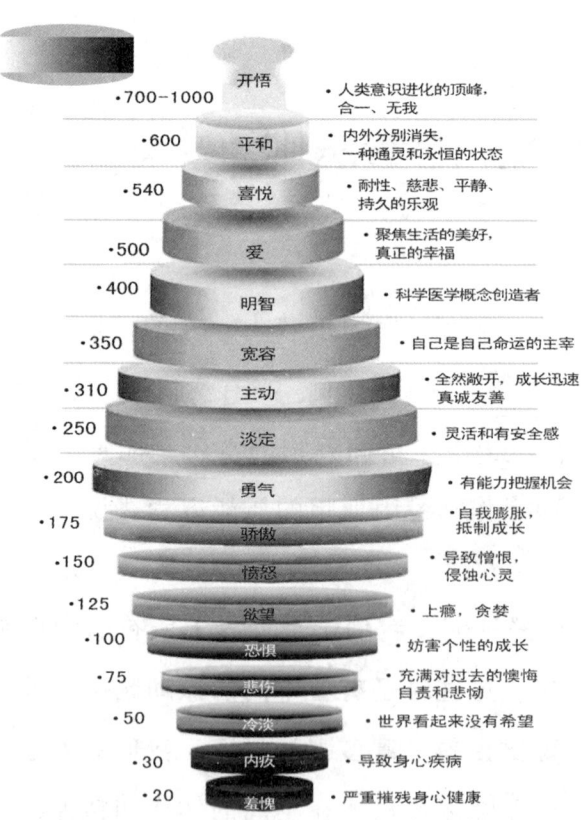

科学实验积累的上百万组数据表明，人的生命体会随着精神状况（意识）的不同而有能量强弱的起伏。霍金斯博士运用现代科学的研究方法，发现了存在于我们这个世界的隐藏的人类意识图。一个有关人类所有意识的能级水平的图。相信这会让你大吃一惊。根据这个图，可以把人类的意识映射到1~1000的频率标度值范围，一共划分为17个能级。

人的邪念会导致最低的频率。当你有着自私、罪恶的邪念时，你就在削弱自己的能量层级。渐高依次是报复的恶念，冷漠或绝望，忧伤或痛悔，害怕与焦虑，私欲的渴求，发火和怨恨，傲慢与刻薄，这些全都对你的生命有害。但勇气的状态的频率值在200，是中性的；向上是信任，信任带来淡定，开始有益于你的生命；再往上的频率依次是主动乐观，温和宽容，理智和理。达到500的仁爱、和蔼和尊敬能级的人就是极其稀少的了。再往上是更加罕见的平和安详、喜悦在540以及宁静极乐的600。最后是正觉或开悟（启示）在700~1000。

频率标度值200是一个人正负能量的分界点。

1~600这个意识能级范围，代表了人类中绝大部分人的心理体验和能量场的强度。

当某人的意识能级由于内在情绪或外在条件而频率值降到200以下时，他就开始丧失生命能量，变得更加脆弱，更加不健康，生命缺乏活力和动力，更加为环境所左右。

意识层次的能级在200时，是一个人所处正负能量状态的分界点。简而言之就是，意识能级高于200的人是正能量的人，意识能级低于200的人是负能量的人。

任何导致人意识的振动频率低于200（20000赫兹）的意识状态均会削弱身体，而从200到1000的频率递增则会使身体力量逐步增强。

可是，令人不解的是，这个世界上绝大多数的人都是能级200以下的人。

达到500的人已经拥有了非常强大的能量场，可以影响成千上万的人。世界上只有千分之四的人达到这个能级。超过600的人在地球上已经是凤毛麟角，只有千万分之一。

霍金斯亲眼遇到过的最高最快的频率是700，出现在当年他研究特蕾莎修女（1910年至1997年，获1997年诺贝尔和平奖）的时候。当特蕾莎修女走进屋子里的一瞬间，在场所有人的心中都充满了莫名的幸福感，她的出现即刻使人们几乎想不起任何杂念和怨恨。1000能级被称为是神的意志或精神，这是绝对力量的频率。传说耶稣在村子里出现，使围上来的人们心里除了耶稣之外什么都没有了，每一个人的心境都变得无比清澈和纯净。

一个人的能级有时候高，有时候低。人的能级水平是所有这些时候的平均数。人的能级起伏跟心境直接相关。科学研究发现，能够显著影响和决定一个人意识能级的因素不是其文化程度、学历、阅历、权力、财富、地位等世俗尺度。相反，以上这些因素会明显地受人的意识能级所制约。**决定一个人意识能量层级的关键因素是这个人的社会动机和心灵境界。**

金钱是配合人类集体意念而创化出来的，也配合不同人的心灵状态去体验贫或富、失落或满足、恐惧或喜悦的感觉。

金钱是一股能量之流，总是从一个地方流到另一个地方。当一

财富丰盛第四阶段：遵循法则 财富觉醒

个人没有失去钱的想法的时候，钱也就不会真的失去。这样的话，钱即使被花出去，也只是在外面玩而已，很快就又回到你身边。当你越担心恐惧的时候，你的钱在外面玩的越久；当你越感觉喜悦丰足的时候，钱会越快越多地回到你身边。

从更高的系统层面看，投资、花钱并不存在，只是能量之流在实现它本身的循环而已。至于能量以什么形式在循环，那就是所谓的"投资"。投资是钱从一个地方到另一个地方，从一个账户到达另一个账户的流动产生出来的错觉。这种感觉绝大部分都来自于能量的形态从无形的资源（想法）到有形的资源（物质）的一种转换。

而阻碍我们金钱关系的最大的杀手就是恐惧：

恐惧失去；

恐惧死亡；

恐惧分离；

恐惧贫穷；

恐惧付出；

恐惧年老；

恐惧爱；

恐惧受伤；

恐惧失败；

恐惧被批评、数落；

恐惧孤独；

恐惧与人打交道；

恐惧上台讲话；

恐惧被拒绝；

恐惧失业；

恐惧负面消息；

恐惧接受；

恐惧意外；

恐惧承担；

……

当然，当我们心里有恐惧的同时，最大的恐惧还是恐惧于不敢去面对自己的恐惧。**金钱是一面镜子，总是不经意地让人看到自己内心的恐惧。**我们内在的限制性生命程序如何影响一个人的财富命运呢？

比如说，当一个人凡事都想着"东西太贵"，要"节约用钱"的时候，他会创造什么呢？

即便他每天都运作能量，运用吸引力法则（我们的课程当然也会教导正确的观想目标和能量来创造自己想要的发生），你会发现他吸引到的都是跟他斤斤计较钱的人或事物来到他身边。如果他是个生意人，他会吸引到顾客总是跟他讨价还价，他的顾客也常常是想要"节约用钱"的类型。

而我自己曾经就是有这类想法的人之一，我发现自己以前有段时间观想能量，运作了一段时间，结果来了好几个想预约个案的电话，但他们却觉得个案费用很贵，在电话里面甚至和我讨价还价。我有些尴尬，也挺无奈。最后他们也终究没有成为我的客户。于是我静默下来，问自己的灵魂，我为什么要创造这样的现象给我自己呢？

财富丰盛第四阶段：遵循法则 财富觉醒

我才发现，我自己的内在本身就有"很计较钱"的信念，一直都有，是我的父母在过去匮乏的年代灌输给我的生命程序。而这些限制性的生命程序，任凭我怎么观想目标来运作吸引力法则，都还是在阻碍着我。当一个人有限制性的生命程序时，就好像把自己关在一个小房子里面，而想欣赏整个户外的美景，再怎么创造观想，也还是有相应的局限的。

所以，当我后来觉察到这些时，决定自己不再活在这个生命程序里面时，奇妙的是，这个现象就开始改变了，顾客好像突然变得不计较钱一样。我还觉察到的是：**如果一个人有着"不值得拥有"的想法的时候，他的能量也常常会是溃散的，他会经常体验到无力感或无价值感，他会经常创造出意外失去财物的现象，有时甚至会成为小偷们光顾的对象。**

还有一个个案，她是个美发店的老板，她的一个限制性生命程序就是恐惧亏钱。而之前，她已经"亏损"了200多万了。当我们沟通完她更早之前的一些关于恐惧的事件之后，再让她连接她亏损的那笔钱，那笔钱竟然告诉她：我们并没有离开你，我们只是在外面玩；我们在外面帮你创造更大的利润回流。而连接她的那家店，那个店铺也告诉她，这个店的位置更适合做餐饮，而不是美发店，因为经过这里的顾客大部分都是来这栋楼的大卖场来买东西的。

她的限制性生命程序完全修正了，她也释怀了很多。但更奇迹的是，个案之后，她的灵魂透过直觉给了她一个很大的灵感：她现有的美发店并不一定要转让出去，而是可以转变经营思路，把这个店以样板店的形式去经营，发展连锁加盟店。因为她手头上有很好

的剪发设备，拥有技术上的专利，而且有非常多的管理经验。而这足以让她在转换经营思路上获得更大的利润。看来，那笔钱告诉她的是真的！那200万的钱并没有真的亏掉，只是在外面玩，并且在创造一个更大的回流给她。

我也很感恩这个个案，透过这个个案，我看到这样的事实：所谓的"失去"只是一个限制性的生命程序的呈现而已。

所以，提升能量等级是我们实现财富叠加的唯一出路！

财富丰盛第四阶段：遵循法则 财富觉醒

财富丰盛训练日记（第36天）

一、今天我显化的三个财富成果是什么？

1. _____

2. _____

3. _____

二、今天我花了多少钱？（财富出口）

1. 我花的这笔钱都滋养了谁？还有谁？

_____

2. 我今天花钱时给金钱承载的三个能量是什么？

_____

3. 今天我花钱的三个正向程序是什么？

例：我能花就一定能赚！

　　赚钱就像呼吸一样简单！

（1）_____

（2）_____

（3）_____

4. 今天我花的这些钱为我带来了哪五个价值？

_____

_____

5. 我今天和金钱的互动遵循了什么法则？

_____

6. 今天我想对金钱说的三句话是什么?

三、今天我收入了多少钱？（财富进口）（没有收到钱不写）

1. 今天收到这笔钱我内心的感受都有什么？

2. 收到这笔钱给我带来的三个价值是什么？给对方带来的是哪三个价值？

3. 支持我收到这笔金钱的三个正向程序是什么？

4. 我会用这笔钱去滋养谁？还有谁？还有谁？

财富丰盛第四阶段：遵循法则 财富觉醒

金钱法则 6：聚焦法则

注意力等于事实。你关注什么就会得到什么？

要想自己财富丰盛，你就必须去关注财富。要想得到金钱，你必须去关注金钱。关注金钱你就去到了财富的频道，拥有了财富的意识，在一个充满金钱意识的空间里，财富丰盛是自然而然的事情。

佛学上的布施分为财布施、法布施、无畏布施。财布施是用自己的金钱去帮助他人，布施财会得到财富。法布施是指用佛法去开导他人，解脱他的人生痛苦，或传授给他人谋生的技能。如果传授给他人一项谋生的技术，他人就可以终身受用了。

无畏布施是指令众生免于危难及病苦等。譬如说我们放生或对有病的生命施予照顾；不杀生；对无钱治疗的病人给予医药方面的无私帮助，回报给自己的就是健康长寿。

所以我们布施什么就会得到什么，这也符合了宇宙的回流法则。**你给出去的是什么，就会回流什么？我们付出，别人也对我们付出，但是不会有金钱收入。这也是为什么很多好人贫穷的原因。**商人每天关注的都是金钱，所以自然会得到金钱，这也是很多奸商能够发财的秘密。

所以我们必须专注在想要的金钱上。假设你想要100万元，你就必须专注在100万元上，让自己围绕100万元去付出，去行动，去计划一切，那么100万元就有可能达成。

当你觉得想要金钱却一直得不到的时候，需要考虑以下四个方面：

一、不知道自己真正想要的是什么

一切健康、幸福、快乐、成功，财富都从你接受自己、喜欢自己、相信自己那一刻开始！这个宇宙足够的丰盛富足，充满了爱，宇宙愿意为你匹配最好的，可是宇宙根本都不知道你到底想要什么？怎么给你呢？很多人三心二意，整天这山望着那山高，一会儿说自己要钱，一会儿又说要幸福。这样子不是为难宇宙吗？

二、内在觉得自己不配拥有金钱

很多人留不住金钱，是内在都有这种模式。感觉自己不值得，不配，特别是一不小心中了大奖的老百姓。中了巨奖之后，三年之后自己的财富状况又重新回到原点，甚至更穷，其实就是这种程序在作怪，就像一个贫穷的乡下丫头突然到了金碧辉煌的宫殿。这个

财富丰盛第四阶段：遵循法则 财富觉醒

乡下丫头被最好的保姆伺候着，可是这种伺候并没有给她带来喜悦，而是深深的恐惧和恐慌，因为她感觉自己不配。最后不得已逃离宫殿，又回到熟悉的乡下，因为那样才她感觉非常舒服。这就是我们很多人成功又失败的根源，这种能量会传承给子孙后代，这就是穷人最大的悲哀。

我们每个人都值得拥有自己发自内心渴望的任何事物，这是造物主赋予人类与生俱来的权利！我们都是大自然最伟大的奇迹，你值得拥有你发自内心渴望的任何事物，它们都只是为你而生！

三、不相信自己有足够的能力和条件得到金钱

很多人不能得到自己真正想要的，都是因为他们被现实的表象所迷惑，他们认为根据自己现实的条件和能力能达成自己的目标无异于痴人说梦。其实他们不了解成功就是一个无中生有的过程，造物主会根据你的渴望和信念来重塑你生活中的人、事、物。

金钱也一样。

四、不能在灵魂深处创造出已经拥有金钱的感觉

造物主透过你的感觉把你和整个宇宙连接成了一体，你唯一真正能拥有的只是你的感觉。但我们可以透过自己的感觉创造出一个属于自己的世界！也就是说只要你能感觉到自己正在拥有某样东西，这样东西在看不见的世界里就已经是你的了，你持续不断地去感受拥有这种东西的感觉，就会把这样东西从看不见的世界带到看得见的世界里来！

你能在内心世界创造出什么画面和感觉，你就能为自己在外在世界创造出什么境遇和结果！

各位，勇敢地去创造金钱吧，你值得拥有！

财富丰盛训练日记（第 37 天）

一、今天我显化的三个财富成果是什么？

1. _____
2. _____
3. _____

二、今天我花了多少钱？（财富出口）

1. 我花的这笔钱都滋养了谁？还有谁？

   _____

2. 我今天花钱时给金钱承载的三个能量是什么？

   _____

3. 今天我花钱的三个正向程序是什么？

   例：我能花就一定能赚！

   　　赚钱就像呼吸一样简单！

   （1）_____
   （2）_____
   （3）_____

4. 今天我花的这些钱为我带来了哪五个价值？

   _____
   _____

5. 我今天和金钱的互动遵循了什么法则？

   _____

财富丰盛第四阶段：遵循法则 财富觉醒

6. 今天我想对金钱说的三句话是什么？

三、今天我收入了多少钱？（财富进口）（没有收到钱不写）

1. 今天收到这笔钱我内心的感受都有什么？

2. 收到这笔钱给我带来的三个价值是什么？给对方带来的是哪三个价值？

3. 支持我收到这笔金钱的三个正向程序是什么？

4. 我会用这笔钱去滋养谁？还有谁？还有谁？

越开心越有钱

宇宙想让所有人都开心,但有时候人们自己不想开心。他们想要一些东西,那些东西有可能使他们开心,也有可能使他们不开心。

比如,大部分人都想要成为亿万富翁,但大部分人如果真的成为了亿万富翁,又都会变得非常不开心。但是人们自己不知道这点,因为我给很多的亿万富翁做过疗愈个案,每一个亿万富翁都有这样的恐惧:害怕有人把他的家人以及他爱的人给绑架了!

因为当你变成亿万富翁的那一刻,就有很多人想去绑架你的孩子了,或者用其他方式勒索你。这样的事在中国、美国都有,因为

财富丰盛第四阶段：遵循法则 财富觉醒

这是一个很容易挣到几千万元的方法：绑架有钱人的家属。这个比抢银行要容易得多。通常被绑架的时候，你都担心他们是否把孩子活着放回来，但如果你不是亿万富翁，就没人想绑架你的孩子。真的很不可思议，人们不了解这点，就都想要有很多的钱。

在这里，我想跟你们说一些话，那就是：你们必须得放弃你想要更多钱，或者孩子、或者婚姻、或者怀孕、或者一个不同的老公，这些都是假我的方向。**你必须得想要开心，如果你真的需要成为亿万富翁来开心，宇宙就会使你成为亿万富翁，如果有孩子会让你开心，那么宇宙就会给你孩子！**

你持续地想要一些另外的东西，那些东西会让你不开心，但是你自己不知道。你想要它，是因为其他人都想要它。

很多高能量的人，他们就想要开心。在西藏山区没人想要钱，他们想要和平，但是在内陆地区没人想要和平（因为一直都有和平），没人想要开心，他们更多人只想要钱。因为从童年时起，爸爸妈妈就持续地告诉你，你得挣钱。如果你是男孩你就得挣钱，如果你是女孩，你就得嫁给有钱的人，你长大的过程中一直听到的就是：钱，钱，钱！你得把这个扔出去。

因为钱可能让你开心，也可能让你不开心，当你有了它却让你不开心的时候，你是无法把它扔掉的。

你想要很多钱是为了让自己开心，而99%的概率下有很多钱不会让你开心，但是你不知道，等你知道了就太晚了。如果你现在就让自己开心，无论多少钱，能够让你保持开心的状态，钱就会来，无论是什么数字，几十亿也可以，但是你必须要首先选择开心！

财富丰盛训练日记(第38天)

一、今天我显化的三个财富成果是什么?

1. _____
2. _____
3. _____

二、今天我花了多少钱?(财富出口)

1. 我花的这笔钱都滋养了谁?还有谁?
_____

2. 我今天花钱时给金钱承载的三个能量是什么?
_____

3. 今天我花钱的三个正向程序是什么?

例:我能花就一定能赚!

赚钱就像呼吸一样简单!

(1) _____
(2) _____
(3) _____

4. 今天我花的这些钱为我带来了哪五个价值?
_____
_____

5. 我今天和金钱的互动遵循了什么法则?
_____

财富丰盛第四阶段：遵循法则 财富觉醒

6．今天我想对金钱说的三句话是什么？

三、今天我收入了多少钱？（财富进口）（没有收到钱不写）

1．今天收到这笔钱我内心的感受都有什么？

2．收到这笔钱给我带来的三个价值是什么？给对方带来的是哪三个价值？

3．支持我收到这笔金钱的三个正向程序是什么？

4．我会用这笔钱去滋养谁？还有谁？还有谁？

我与金钱的约定

亲爱的金钱:

你是神圣宇宙创造的能量!我也是神圣宇宙创造的能量!我们都是宇宙能量的化身,我们的本质都是爱!宇宙能量创造了你,就是为了让我知晓,我们都是一体的!你就是我!我就是你!都是爱!在物质世界你让我过更加丰盛、富足的生活,我值得拥有你的爱!无限、源源相续的爱!我得到你的爱,我也会付出爱!为这个世界服务,为一切存在服务。你存在的使命会因为我而更有意义和价值。我们彼此成就、彼此圆满。

我们今天开始彼此约定,你每天源源不断地流入我的怀抱,我承诺用你的能量去服务更多的众生;去建立262个【拉比天堂】(教育集团由亚洲能量导师王中孚先生创办),支持3亿人活出觉醒人生,活出财富丰盛的人生。让更多的生命在拉比天堂得以疗愈。你每天照顾好我的生活,让我家人衣食无忧,丰盛富足。我承诺去传递你的爱,用你神圣的爱去引领、帮助众生……你每天让我可以拥有学习的自由,滋养自己的自由,我承诺去活出你爱的属性。

你每天照顾好我的员工,让我的员工业绩扬升,让我的拉比天堂的财富无限丰盛,让我员工的家人都能够丰盛富足,我承诺去宣扬你的功德。你每天让我的学员、客户及他们的家人们都能够喜悦幸福,每个人都财富无比的丰盛。你帮我照顾好了他们,我承诺去传承你的精神和使命……

存在:金钱意识

存在:王中孚

2015年1月8号

财富丰盛第四阶段：遵循法则 财富觉醒

财富丰盛训练日记（第 39 天）

一、今天我显化的三个财富成果是什么？

1. _____
2. _____
3. _____

二、今天我花了多少钱？（财富出口）

1. 我花的这笔钱都滋养了谁？还有谁？

_____

2. 我今天花钱时给金钱承载的三个能量是什么？

_____

3. 今天我花钱的三个正向程序是什么？

例：我能花就一定能赚！

赚钱就像呼吸一样简单！

（1）_____

（2）_____

（3）_____

4. 今天我花的这些钱为我带来了哪五个价值？

_____
_____

5. 我今天和金钱的互动遵循了什么法则？

_____

6. 今天我想对金钱说的三句话是什么？

三、今天我收入了多少钱？（财富进口）（没有收到钱不写）

1. 今天收到这笔钱我内心的感受都有什么？

2. 收到这笔钱给我带来的三个价值是什么？给对方带来的是哪三个价值？

3. 支持我收到这笔金钱的三个正向程序是什么？

4. 我会用这笔钱去滋养谁？还有谁？还有谁？